はじめての社会福祉

実践から学ぶ社会福祉

「はじめての社会福祉」編集委員会 編

ミネルヴァ書房

は じ め に

　大学，短大，専門学校等で社会福祉を学んでいる学生の多くは，基本的に人と関わることが好きで，何らかの困難を抱えている人に対して「役に立ちたい」という強い意欲と情熱を持っています。

　一方で，これまでの社会福祉教育は，直接的に援助の対象者と関わることのできる実習は2年次以降（大学では3年次以降）に行われ，入学から数年にわたっては，学内のみで教養科目をはじめとする講義科目を履修する，ということが多い状況にありました。しかし，それでは福祉の現場や，人に尽くす歓びというものをまったく経験せず，学内授業に出席するだけにとどまり，最初の熱意が冷めてしまうのではないか，という懸念がありました。

　本書は，初めて社会福祉を学ぶ大学生，短大生，専門学校生を対象として，社会福祉実践の基本を体験，学習することを通じて社会福祉専門職を目指す学生の興味，熱意，実践力の向上を目的として編集されました。

　「社会福祉とは何か」がよく分からないうちに，社会福祉の対象になる人のところに自分の足を運んで，自分の目で確認し，自分の身体と心で感じ取ることから始めます。そして，体得・経験し，そこから得た知識と技術と関係性などすべてのことを通して，「社会福祉とはこのようなものである」と納得できるようになることを目指します。また，将来，社会福祉援助者として地域で活動するための知識や方法が身に付くように，その学習の基礎となる地域社会の福祉ニーズをとらえ，ニーズに沿った援助計画を立て，それを実践するという一連の過程を学びます。

　本書は，東京福祉大学で，開学当時，実際に行ってた「基礎福祉演習Ⅰ」「基礎福祉演習Ⅱ」の授業に対応する形で編集されました。当時，この科目のテキスト（プリント教材）は，東京福祉大学名誉教授　ヘネシー澄子博士を中心とした科目担当教員によって作成し，使用されてきました。このテキストをベースとして，「はじめての社会福祉」編集委員会の手によって新たに執筆され，次の内容で構成されています。

　第1章では，演習や実践を進めて行くうえでの原点である社会福祉の基礎

的な理論と，社会福祉を実践するうえでの基本的な姿勢について学習します。

　第2章では，社会福祉実践において特に重要となるニーズという概念を学び，同時に援助対象者のニーズの把握について，演習を通じて学習します。

　第3章では，社会福祉実践の場であるコミュニティについて，その概念を学び，同時に，コミュニティの診断法について演習を通じて学習します。

　第4章では，コミュニティにおけるニーズを明らかにするためのニーズ探索の方法について，演習を通じて学習します。

　第5章では，コミュニティにおける満たされていないニーズを充足するための計画を立て，実践し，評価する方法について，演習を通じて学習します。

　第6章では，これまで学んだ演習，実践の結果を，どのようにレポートにまとめ，発表するか，その方法について学習します。

　なお，各章で提示している演習課題はあくまで参考例であり，本書を使用する学校や担当教員の事情により，柔軟に変えて運用することも可能です。

　巻末資料では，面接調査やボランティア活動等，対外的な活動の際に共通する注意点について詳しく解説しています。さらに，レポートを円滑にまとめることができるよう，レポートの作成例を掲載しています。

　本書は，東京福祉大学において，この科目を何年間も実施した結果，現れた利点があまりにも多かったため，他の福祉教育の現場にも広めてほしいという願いを込めて企画されました。読者にとって，本書が，将来的に有能な社会福祉援助者として活躍していく一助になることを願ってやみません。

　2007（平成19）年の社会福祉士及び介護福祉士法の一部を改正する法律に基づき，社会福祉士の養成課程は，新たな教育カリキュラムによって実施されることになりました。それに伴って，東京福祉大学でもカリキュラムと授業科目名の見直しが行なわれ，「基礎福祉演習Ⅰ」「基礎福祉演習Ⅱ」という科目は，1年次に履修する「ソーシャルワーク演習Ⅰ」と改められました。

　この度，本書も，新しい教育カリキュラムに準拠して内容を見直しました。しかし，本書は，初めて社会福祉を学ぶ学生を対象として編集されていますので，本文中では科目名を当初の「基礎福祉演習」のままで使用することにしました。

　　　平成23年1月15日

　　　　　　　　　　　　　　　　　　　「はじめての社会福祉」編集委員会

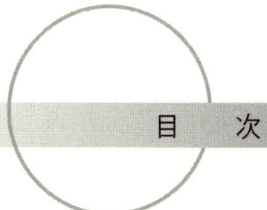

目次

はじめに

第1章　社会福祉教育の中で基礎福祉演習の占める位置 … 1

1　社会福祉（Social Welfare）とは何か … 2
1. 社会福祉（Social Welfare）の定義 … 2
2. 社会福祉の範囲 … 3
3. 社会福祉の特性 … 3
4. 社会福祉と類似の用語 … 4
5. 社会福祉の目標 … 5
6. 社会福祉の主体 … 5
   社会福祉の供給主体…5　　社会福祉の実施主体…6
7. 社会福祉の対象 … 7
   人を中心とする対象…7　　社会問題・生活問題を中心とする対象…7

2　社会福祉援助活動（Social Work Practice，ソーシャルワーク実践） … 8
1. 社会福祉援助活動とは … 8
2. 社会福祉援助活動の目的 … 9
3. 社会福祉援助活動の分類 … 10

3　基礎福祉演習の役割 … 10
1. この科目の特性 … 11
2. ソーシャルワーカーの基本的姿勢と態度 … 12
3. ソーシャルワーカーの専門的行動と非専門的行動 … 15

4　社会福祉援助活動の共通展開過程 … 15
1. 社会福祉援助活動の過程 … 15
2. 直接援助活動の過程 … 17
   利用者（Client，クライエント）…17　　インテーク（Intake，初回面接）…18　　アセスメント（Assessment，事前評価）…19　　プランニング（Planning，計画）…20　　介入（Intervention）…21　　評価（Evaluation）…21
3. 間接援助活動の過程 … 22
   地域ニーズの発見…22　　アセスメント（Assessment，事前評

価)…23　計画…23　計画のモニタリング（Monitoring, 経過監視）…24　実践（Practice）…24　評価（Evaluation）…24

第2章　社会福祉とニーズ……27

1　ニーズ（Needs）とは何か……28
2　個人のニーズ……32
　1　マズローの「ニーズ段階説」……32
　　基本命題…32　ニーズ段階説の内容…33　マズローの説に対する評価と批判…36
　2　アルダーファーのERG理論……38
　　存在のニーズ（existence needs）…39　関係のニーズ（relatedness needs）…39　成長のニーズ（growth needs）…39
3　福祉ニーズ……40
　1　社会生活の基本的ニーズ……41
　2　社会的ニーズ……42
　　規範的ニーズ（normative needs）…43　感じているニーズ（felt needs）…43　表明されたニーズ（expressed needs）…43　比較的ニーズ（comparative needs）…43
　3　福祉ニーズ……45
　　要援護性としての福祉ニーズ…45　ニーズの種類…46　ニーズの変化…48

第3章　コミュニティとその診断……53

1　コミュニティとは何か……54
　1　地域社会——共通した生活や行動領域としてのコミュニティ…54
　2　共同体——共通した特色によって結びついているコミュニティ…55
　3　個人的（personal）で主観的なコミュニティ……55
2　コミュニティの診断方法……56
　1　地域社会の診断……57

人口動態…57　複合型社会としてのコミュニティ診断…57　地域の歴史や文化によるコミュニティ診断…59　共同体の診断…61　情報収集の方法…64

第4章　地域社会のニーズ探索 …………………………………………… 67

1　ソーシャルワーカーの地域社会のニーズ探索アプローチ ……………… 68
1. 地域社会とソーシャルワーカーの関係 …………………………………… 68
2. ソーシャルワーカーの役割 ………………………………………………… 69
3. 問題把握と問題解決へのアプローチ ……………………………………… 70

2　ニーズ探索の段階 …………………………………………………………… 71
1. 福祉サービスの要望に関する先行調査 …………………………………… 71
2. 福祉サービスの対象人口の設定 …………………………………………… 72
3. 福祉サービスの対象人口のデータ収集と分析 …………………………… 74

3　現地調査の実施の方法 ……………………………………………………… 76
1. 調査対象者へのアプローチ ………………………………………………… 76
   キー・インフォーマント・アプローチ（Key informant approach）…78　フォーカス・グループ・アプローチ（Focus group approach）…82
2. 面接調査の分析 ……………………………………………………………… 83

第5章　ニーズに対するサービスの計画 ……………………………… 87

1　満たされていないニーズ …………………………………………………… 90
1. 満たされていないニーズとは何か ………………………………………… 90
   把握されていない精神障害者のニーズ…91　不十分な専門家の対応…92　知的障害者へのコミュニケーション支援…93
2. 満たされていないニーズに対するサービスの計画（体験ボランティア実践計画）……………………………………………………… 95

2　計画の実践 …………………………………………………………………… 98
1. 基礎福祉演習としての計画の実践とは …………………………………… 99

  2 実践先の選定……………………………………………………99
   実践先情報の収集…100 実践の形態・場所…100 実践先への依頼…101 実践期間…101
  3 実践の場で求められる援助活動の実践……………………… 102
  4 実践における基本的姿勢……………………………………… 103
   対象者との初めての接し方…103 良い関係（ラポール）作りと信頼関係の形成…103 良いコミュニケーションの形成…104 職員との接し方…104
  5 実　　践…………………………………………………………… 105
   高齢者・障害者などの施設…105 児童養護施設…106 保育所…107 学童保育（放課後児童クラブ＝放課後児童健全育成事業）…108 ボランティア募集事業への参加実践…108
 3 評　　価………………………………………………………………109
  1 評価とは何か…………………………………………………… 109
  2 評価の方法……………………………………………………… 112
  3 評価の過程……………………………………………………… 114
   評価の事例──障害者青年学級…115 評価の過程について──5つのWと1つのH…116 誰が─who（人的資源）…116 どこで─where（場所的資源）…116 誰を─whom（利用者）…117 いつ─when（期間）…117 どのような方法で─how…117 何が達成できたか─what…118

第6章　成　果　発　表 ……………………………………………… 121

1 なぜ成果発表が必要なのか ………………………………………… 122
2 実践のまとめ方 ……………………………………………………… 123
  1 レポート作成上の留意点……………………………………… 123
   プライバシーを保護する…123 読み手を意識してまとめる…123 執筆規定の枠内で作成する…125
  2 実践の報告レポートの構成と内容…………………………… 125
   表題…125 問題の背景…125 実践の目的…126 実践の具体的方法…126 実践の経過…126 考察および今後の課題…127 文献…127 謝辞…127

目　次

3　これからの学びのなかで……128
1　他の科目における活用……128
2　ボランティア活動における活用……129
3　現場実習における活用……129
4　卒業研究での活用……130

巻末資料……133

1　対外的な活動の際のマナー……134
1　心がまえ……134
2　基本的な考え方……134
3　電話のかけ方……135
電話をかけるときの注意事項…135　電話応答の例…136
4　手紙の書き方……137
手紙の基本…138　封筒の書き方…138　文の構成…139　手紙の例…140
5　活動にふさわしい服装や身だしなみ……141
身体の動きを伴う活動の場合…141　インタビュー，打ち合わせ，挨拶訪問等の場合…142　出かける前にもう一度チェック！…143

2　レポート作成例……144
1　ニーズ探索についてのレポート……144
2　実践報告レポート……151

3　調査・実践のために必要となる公文書……161
1　調査についての依頼状……161
2　ボランティア活動についての依頼状……162

索　引　163

第1章

社会福祉教育の中で基礎福祉演習の占める位置

① 社会福祉（Social Welfare）とは何か

1 社会福祉（Social Welfare）の定義

　社会福祉（Social Welfare）は，社会（Social）と福祉（Wel＋fare）という概念の合成語です。「社会福祉（Social Welfare）」という用語が成立するまでは「社会政策」「社会事業（ソーシャルワーク）」などの用語が使われてきました。

　Webster 辞典によると福祉（Welfare）とは，安定的で満足した生活の状態，具体的には人間の健康と繁栄，安寧（Well-being）など，人間の幸せな生活と平安を意味する理念的な概念で使われています。そして社会（Social）とは，人びととの人間関係による共同体的行為システムを言います。

　したがって社会福祉は，「人間の安定，健康，繁栄，安寧（Well-being）など，幸せで満足した生活を実現するための，社会共同的努力と制度である」[1]と定義できます。

　また，社会福祉を理念として定義するとその範囲があまりにも広くなりますが，一般的には，社会福祉を図1-1のように「人間の生活の質を向上するための，体系的で，組織的な社会の努力である」と定義できます。すなわち，社会福祉は，個人や集団の持っている心理・社会・経済的問題と欲求を解決し，彼らの潜在能力と社会的機能を向上させ，すべての人が幸せで，満足できる生活が営めるよう，施設や機関のように組織化されたシステムや，制度などを通して援助する社会的諸サービスのことを言います[2]。このサービスと制度としての社会福祉には，①医療保険，雇用保険，年金，失業手当のような社会保険制度，②最低の生活を保障するための公的扶助，そして③社会的問題を解決するため国と民間が行う多様な対人サービスおよびプログラムなどが

図1-1　社会福祉の語義

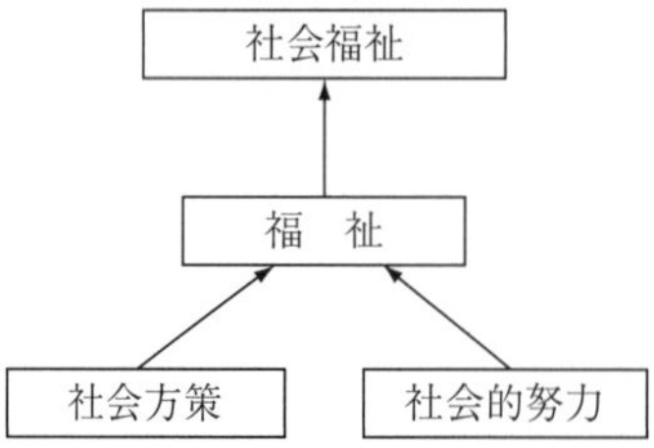

　　　　社会福祉
　　　　　↑
　　　　　福　祉
　　　　　↑
　　社会方策　　社会的努力

Welfare の語義

Wel ＋ fare

（快　い　　）（暮 ら し　　）
（健全に　　）（やっていく　）

出所：一番ヶ瀬康子編著『新・社会福祉とは何か』ミネルヴァ書房，1990年，8頁。

含まれます。

2 社会福祉の範囲

社会福祉の最も広い意味での使い方は，イギリスの「社会的諸サービス」(Social Service) という概念が挙げられます。その中身としては，①教育，②所得保障（年金による所得保障と公的扶助を含む），③保健医療，④雇用，⑤住宅，⑥社会福祉（狭義）などが含まれます。⑥の狭義の社会福祉には，児童福祉，老人福祉，障害者福祉，地域福祉などが含まれます。

ここでいう社会的諸サービスとは，全国民を対象として，その生活のあらゆる側面において広義の福祉を目指す方策や施策から成る制度全体を指す言葉です。しかし，この言葉はあいまいで包括的でありすぎ，特に，教育や医療のような制度を狭義の社会福祉と並列に並べて一つの概念枠の中にくくっているため，それぞれの制度の特質が明らかでなく，社会福祉の意味もはっきりしていないという限界があります。

日本でも社会福祉を最も広く用いるときは，ほぼイギリスの社会的諸サービスに近い意味で使う場合があります。しかし，普通日本での社会福祉は，より限定した範囲の制度体系を指すものとして用いられることが多く，具体的には，⑥の狭義の社会福祉に，公的扶助（生活保護）を加えた範囲のものとして使われる場合が多いです。

また，これらの諸制度が社会の仕組みにおける制度体系であるため，単に「福祉」ではなく，「社会福祉」という用語を使います。(3)

3 社会福祉の特性

H. ウィレンスキ (H. Wilensky) と C. ルボー (C. Lebeaux) は，社会福祉の特性を，①社会の公共的目的を達成するため，社会的責任を持って行う，②公的組織によって行われる活動である，③人間のニーズと直接に関係を持つ，④人間のニーズに対して統合的観点でアプローチし，満たされてないニーズを，機能的に補うため努める，⑤利益を追求しない，ということを挙げています。(4)

なお社会福祉は，社会福祉政策と社会福祉実践の両方からのアプローチに

よる活動を通して，多くの社会分野で達成されるという特性を持ちます。

4 社会福祉と類似の用語

　社会福祉（事業）に先行することとして慈善事業と社会事業がありますが，その主な内容は貧困者の救済にかかわる事業でした。
　「慈善」は，もともと仏教用語で友情・隣人愛・やさしさなどを示すものとされていますが，同時にそれは，キリスト教のカリタスやチャリティー（Charities）の翻訳語でもあります。他人の困難を見て宗教的な動機から，気の毒に思い援助の手をのべようとするところから成立しました。そのような個々の慈善行為が，産業革命以後，組織的・科学的な慈善事業として展開されるようになったのです。
　「社会事業（Social Work）」は，今日の社会福祉や社会福祉事業の先行形態です（図1-2）。
　ソーシャルワークという言葉もよく使われますが，ケースワーク，グループワーク，コミュニティオーガニゼーションのような社会福祉固有の方法論を全体的にまとめて呼ぶ場合に，日本でもこのソーシャルワークということばをよく使います。
　制度・政策としての「社会福祉」は，「社会福祉六法」によって規定される諸分野をはじめとする多くの分野で実行されています。このように社会福祉が制度の担い手（実践主体としての社会福祉従事者）を通して対象者（制度の利用者）に提供される有形・無形のサービスや給付として表現される場合には，社会福祉を社会福祉事業と呼ぶこともあります。したがって，社会福祉と社会福祉事業は，同じものを異なる側面から表現したものとして理解してよいと思います。(5)

図1-2　社会事業と社会福祉
社会事業から社会福祉へ

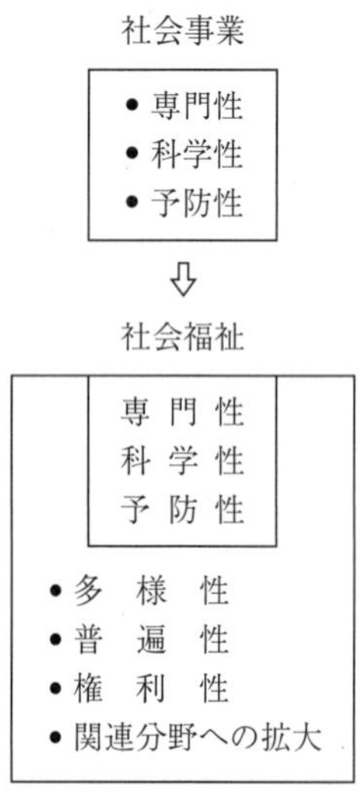

社会事業
- 専門性
- 科学性
- 予防性

⇩

社会福祉
- 専門性
- 科学性
- 予防性

- 多様性
- 普遍性
- 権利性
- 関連分野への拡大

出所：一番ヶ瀬康子編著『新・社会福祉とは何か』ミネルヴァ書房，1990年，45頁。

5　社会福祉の目標

国際ソーシャルワーカー連盟では，社会福祉の目標を，「国際化を背景として，①社会的変革を促進する，②人間関係の問題解決をはかる，③人々の福祉を増進するためのエンパワーメント（パワーづけ）とリベレーション（解放）を促進する」と述べています。ソーシャルワークの対象は「環境の中の人間」であり，さらに，基本的原理は，「人権擁護とソーシャルジャスティス」であると述べています。この定義が明確に伝えようとすることは，ソーシャルワーカーの主な活動が広義の「相談援助」にまで及ぶと言うことです。(6)

6　社会福祉の主体

社会福祉の主体に対する分類は，観点によって異なりますが，ここでは，供給主体と実施主体の二つに分けて説明します。

社会福祉の供給主体

社会福祉サービスを提供する供給主体は，「公的主体」，「民間非営利主体」，「民間営利主体」の三つに分けられます。

(1)「公的主体」とは，公的に福祉サービスを供給する「政府」や「地方自治団体（都道府県や市町村）」を指し，近代的社会福祉の発達に重要な機能を果たしてきました。「家族」や「親族・近隣」の相互扶助で対応できなくなった部分を，制度や機構として政府などが担うことです。

(2)「民間非営利主体」は，収益を求めず福祉サービスを供給する民間機関や組織を指します。「民間非営利主体」には，生活協同組合，社会福祉法人，宗教団体，NPO，その他の公益法人，ボランティアなど，多様な民間非営利団体や機関が含まれます。

(3)「民間営利主体」は，福祉サービスを供給する民間企業を言います。「民間営利主体」は，伝統的なあるいは公的な社会福祉でカバーできない部分をカバーすることになります。そして，今日拡大していく社会福祉対象者やニーズの多様化，質的サービスへの要求に対して利用者負担

の原則を適用しています。その例としては，保育サービスへの企業の参与，シルバー産業の登場などが挙げられます。

社会福祉の実施主体

社会福祉活動を実際に行う実践主体は，「政策主体」，「運営主体」，「実施主体」の三つに分けられます。

(1) 「政策主体」は，社会福祉政策を計画・策定・実行する主体であって，国や地方自治団体がこれにあたります。日本国憲法第25条には，「国は，すべての生活部面について，社会福祉，社会保障及び公衆衛生の向上及び増進に努めなければならない」と社会福祉の実施主体としての国の責任が明記されています。

(2) 「運営主体」は，社会福祉事業を運営・経営する主体であって，社会福祉施設・団体・機関などが含まれます。現在日本の「運営主体」には，①児童福祉法・児童虐待防止法関係施設（児童相談所，児童養護施設，知的障害児施設等），②障害者自立支援法関係施設と事業，③生活保護法関係施設（救護施設，更生施設等），④社会福祉法関係事業所（福祉事務所，社会福祉協議会等），⑤売春防止法・DV防止法関係施設（婦人相談所，婦人保護施設等），⑥老人福祉法関係施設（特別養護老人ホーム，老人介護支援センター等），⑦母子及び寡婦福祉法関係施設（母子福祉センター等），⑧医療法関係施設（病院）等があります。

(3) 「実践主体」は，対象者に社会福祉サービスを直接実施する主体であって，社会福祉施設や機関で働く社会福祉士，介護福祉士，精神保健福祉士，医療ソーシャルワーカーやその他の社会福祉従事者が含まれます。

「実践主体」の一つである社会福祉士の仕事は「社会福祉士及び介護福祉士法」に明記されています。同法によると社会福祉士は，「専門的知識及び技術をもって，身体上もしくは精神上の障害があったり，または環境上の理由により日常生活を営むのに支障がある者の福祉に関する相談に応じ，助言，指導その他の援助を行うことを業とする者」とされています。

なお2000年，国際ソーシャルワーカー連盟（IFSW）では，ソーシャルワーク専門職を，「人間の福利（ウェルビーイング）の増進を目指して，社会の変

革を進め，人間関係における問題解決を図り，人びとのエンパワーメントと解放を促していく者である」と規定しています。この意味で，ソーシャルワーカーは，社会や，ソーシャルワーカーが支援する個人，家族，コミュニティの人びとの生活に変革をもたらす仲介者であると言えます。

7　社会福祉の対象

社会福祉の対象は，社会福祉サービスを受ける人を中心に対象者別に分ける場合と，社会福祉政策の対象である社会問題あるいは生活問題に焦点を置いて分ける場合があります。

人を中心とする対象

従来の社会福祉では，社会福祉の対象を，誰かの保護や援助を必要とする貧民，孤児，寡婦（かふ），障害者，高齢者など特定で，社会的障害を持つ一部の人にしました。しかし，現在日本では，「福祉六法」で規定している，生活保護者（生活保護法），児童（児童福祉法），身体障害者（身体障害者福祉法），知的障害者（知的障害者福祉法・障害者自立支援法），老人（老人福祉法），母子・寡婦（母子及び寡婦福祉法）などを一次的対象者としています。

なお，今日の社会福祉は，一次的には上述した人びとを対象としながら，すべての国民を対象とする普遍的社会福祉に変わりつつあります。現代社会では，本人の意思とは関係なしに生じる多くの社会的な出来事によって，誰もが社会福祉対象者になりうると考えられるからです。たとえば，2001年ニューヨークの9.11テロ事件は，本人の意思とは全然関係なしに起きたことであり，このため突然両親や兄弟，夫や妻を亡くした被害者とその家族たちは，一時期，社会福祉対象者にならざるを得なくなったのです。

社会問題・生活問題を中心とする対象

社会福祉の対象を解決できなかった社会や生活問題に焦点を置こうとするとき，人間の社会・生活問題や社会的ニーズに関心を持つようになります。

社会的ニーズとは，「ある状況や状態が，一定の目標や基準から見て乖離（かいり）の状態にあり，そしてその状態を改善・回復する必要があると社会的に認め

ていること⁽⁸⁾」です。社会的にその改善や回復の必要性を認めるとき，その社会的ニーズは社会福祉の対象になるということです。社会的ニーズについては，次章で A. マズロー（A. Maslow）の欲求段階論やJ. ブラッドショー（J. Bradshaw）の社会的ニーズ論などを通して具体的に学ぶようになります。

 社会福祉援助活動 (Social Work Practice，ソーシャルワーク実践)

社会福祉援助活動と社会福祉援助技術という用語の違いは，どちらもソーシャルワークという意味の，視点を変えた表現です。社会福祉援助活動は，社会福祉実践の特性を総論的に表現しているのに対して，社会福祉援助技術は，援助者の持つ専門的能力と，その実践方法を各論的に表現していると理解されています。

1 社会福祉援助活動とは

社会福祉援助活動とは，今まで使用してきた，社会事業（Social Work），ソーシャルケースワーク（Social Case Work），臨床社会福祉（Clinical Social Work），一般的あるいは統合的社会事業（Generic Social Work）などの代わりに使われるようになってきた用語です。

社会福祉援助活動という用語は，1970年，C. メイヤー（C. Meyer）によって最初に使われたと知られていますが，社会福祉援助活動の意味は，1915年，M. リッチモンド（M. Richmond）によって行われたケースワークの定義を見るとよく分かります。ケースワークの母と呼ばれているリッチモンドの時代には，ケースワークがソーシャルワークを代表していました。

リッチモンドは，ソーシャルケースワークを「様々な人のために，様々な人とともに彼ら自身の福祉と社会の改善を同時に達成するよう彼らと協力して様々なことを行う技術である」，そして「人間と社会環境の間を個別に，意識的に調整することを通じてパーソナリティを発達させる諸過程から成り立つ⁽⁹⁾」と定義しています。

「様々な人のために」は，ソーシャルワークの対象を指し，生活問題を

持っている人が多様で，複雑に存在することを，示唆しています。

「様々な人とともに」では，ソーシャルワークが多職種の人とチームを組んで行うことであることを強調しています。

「彼ら自身の福祉と社会の改善を同時に達成するよう」では，ソーシャルワークの目的を示しています。個人の問題解決を通してその人を幸せにするとともに，社会構造的な問題も改善しなければならないことを強調しています。これは，後の定義で，「人間と社会環境の間」という言葉として具体化され，今もソーシャルワークの介入領域を示す時に，広く活用されています。

「彼らと協力して」では，対象者をただサービスを受ける受身的存在として見るのではなく，ソーシャルワーカーの協力者やパートナーとして認めていることを，「様々なことを行う技術」では，ソーシャルワークの領域や範囲が非常に広いということを意味しています。

またリッチモンド以降，ソーシャルワークの目的を，生活の質を高めることにあると強調する学者も出てきてソーシャルワークの目的は人間の生活全般をカバーするだけでなく，その質にも重点を置くようになりました。

2 社会福祉援助活動の目的

社会福祉援助活動の目的は，リッチモンドの「パーソナリティを発達させる」以外に，「個人の不適応や葛藤を解消し，個人のニーズを充足する」，「社会規範に適応できるよう援助する」，「生活の質を高める」など学者によってさまざまです。ここでは，社会福祉援助活動の共通的な目的を大きく三つ挙げます。

第1は，自力又は自分に近い人びとの協力だけでは解決できない問題を抱えている個人・家族・グループに，専門知識や専門技術を使って問題解決を支援する，治療的あるいは問題・課題解決的目的です。

第2は，個人・家族・グループが生活上の問題を自力で解決できる能力を身につけるとともに，健全な一市民として生活できるように支援する予防的・発達支援的目的です。

第3は，国民全体が自分の可能性を最大限に伸ばし，能力を発揮できる社会を作る，建設的目的です。

3　社会福祉援助活動の分類

　前頁で挙げた社会福祉援助活動の目的を達成するためには，色々な援助技術を使います。援助技術とは，さまざまな技術論を実際の援助活動の中で展開するための方法であるといえるでしょう。

　ソーシャルワークの諸援助活動は，大きく直接援助活動・間接援助活動・関連援助活動に分けられ，それら援助活動はそれぞれの独特な知識と技術と価値観に基づいて成り立っています。

　直接援助技術は，個別援助技術（ケースワーク）と集団援助技術（グループワーク）から成り立っています。間接援助技術は，地域援助技術（コミュニティワーク），社会福祉調査法（ソーシャルワーク・リサーチ），社会福祉運営管理（ソーシャル・アドミニストレーション），社会福祉計画法（ソーシャル・プランニング），社会活動法（ソーシャル・アクション）から成り立っています。

　関連援助技術には，ケアマネジメント，ネットワーク，スーパービジョン，コンサルテーション，カウンセリングがあります。

　このごろは，伝統的な個別援助技術や集団援助技術，地域援助技術などに代表される直接・間接的な社会福祉援助技術に対して，関連する援助技術が注目されるようになってきました。関連援助技術には，ネットワーク，ケアマネジメントやスーパービジョンのような社会福祉援助技術を支援する組織や方法，さらに隣接科学の特徴ある援助技術などが含まれます。

基礎福祉演習の役割

　社会福祉学は「実践の科学」といわれるように，単なる理論の学習だけで実際の援助活動を行うことは困難です。社会福祉のさまざまな理論を活用し，実際に役立てるためには，援助活動の場での実践と，実践のときに必要とされる援助技術の学習と修得が不可欠となります。

　日本の従来のソーシャルワーカーは，前節で述べたソーシャルワークの目的の中の，第1の治療的目的と第2の予防的目的（特に第1）だけに焦点を

当て，第3の建設的目的の分野は，国や県の行政に任せる傾向がありました。そのような傾向は，変化の少ない安定した社会には通用したでしょう。しかし現在，景気の停滞や悪化に伴って人びとの欲求不満やストレスが色々な社会悪（たとえば，児童虐待や犯罪の増加）として現れています。そのような問題を毎日見ているソーシャルワーカーは，どんどん必要なサービスやプログラムを立ち上げていき，アメリカのソーシャルワーカーのように，行政を引っ張っていくことが求められる時代になっているのではないでしょうか。そのために，リーダーシップと創造力を持つソーシャルワーカーを養成することが，今の社会福祉教育の使命であると考えます。

1 この科目の特性

　大学レベルの社会福祉教育の目的は，社会福祉におけるジェネラリストを養成することにあります。そのため，学生は，社会システムを変革していく方法や，社会福祉対象の①クライエントである諸個人，②グループ，③コミュニティに対する社会的援助方法に関して学ぶことが求められます。また，ソーシャルワーク技術，問題の明確化，ソーシャルワーク・ネットワークの連携と発展，アセスメント，介入方法および関連技術に即しての知識の学習と実践が要求されるのです。

　本教科は，上述したソーシャルワークの第三の建設的目的を目指して学習を進めます。それでこれらのことを学習するにあたって，学生が既存の知識や技術を習得し，そのまま受け入れる順応的・受身的教授法でなく，体験的・実践的教授法で授業を行うことに特徴があります。学生に直接経験する機会を与え，その経験から感じ得たことを自分なりに分析・解明し，他の学生の経験と照らし合わせながら既存の理論と照合してみる，統合的で，学生主体の学習を展開することを目的としています。

　カリキュラムを展開するにあたっては，社会福祉利用者あるいは関連者とのインタビュー，アンケート調査，福祉テーマに対するグループディスカッション，関連施設や機関での実践（主にボランティア活動を通して行う）の計画，計画の実践，調査した内容の発表，実践したことの評価など，積極的で直接的な学習活動を行います。

　この科目は，これらの学習活動を通して，頭で覚える前に，体と心で覚え

たこと，自分の主体性を吹き込んだ知識・技術として覚え，身に付けること，そして将来専門家としての力量を豊富に蓄積することを目標として設けられた科目です。

　その点でこの科目は，社会福祉が何かが分からないながらも，社会福祉の対象になるところに自分の足を運んで，目で確認し，体と心で感じ取り，自分の身で体得・経験して得た知識と技術と関係性などすべてのことを通して，「社会福祉はこのようなことなんだ」と自分が理解したうえで，具体的に形づくっていく実践的・実験的科目であると言えます。

2　ソーシャルワーカーの基本的姿勢と態度

　社会福祉を初めて学ぼうとする初心者に一番大切なことは，社会福祉専門職者になるための心構えであると思います。ここでは，社会福祉援助活動を行うソーシャルワーカーの備えるべき基本的姿勢と心構えを説明するため，「冷たい頭（Cool Head）」，「熱い胸（Warm Heart）」，「熟練した手と足（Skillful Hand & Foot）」という表現を借りて説明してみます。

　（1）　冷たい頭（cool Head）

　ソーシャルワーカーは，援助活動を行うとき，社会福祉理論や知識に基づき，客観的に，冷静に判断しなければならないため，頭を冷たくする必要があります。

　ソーシャルワークの援助活動は，価値と知識を意識的に用いることによって導かれ，遂行されます。これは，社会福祉援助活動が，きちんとした価値と知識に基づいて行われるべきであることを意味します。なお，ソーシャルワーク援助活動は，主にワーカー自身を道具として使って行う実践科学であるため，サービスの質はワーカー各々の価値や知識の相違によって，大きく左右される可能性があります。そのため，ソーシャルワーカーは自分の価値観が偏りなく，客観性を保つように，常に自己覚知をしていくことが求められます。

　ソーシャルワーカーが援助活動を行う際，いつも客観性を保ちながら適切に判断し実践していくためには，社会福祉学はもちろん関連する理論に関する知識を，絶えず豊富に習得しておくことが求められます。また，ソーシャルワーカーが，援助活動をしながら経験したことや学んだものは，ソーシャ

ルワークの価値と知識にフィードバックし，絶えず価値と知識を豊かにしていくことが求められます。

なお，社会福祉専門職として行うべきこと，行ってはならないことを定めたソーシャルワーカー倫理綱領も熟知し，常に倫理綱領に基づいて業務を適正に行うことが求められます。

（2）熱い胸（Warm Heart）

クライエントを援助するとき，目的や目標として設定したことを達成・実現していくときには，思いやりとともに確信と情熱に満ちた実行力が求められるため，胸を熱くすることが必要です。

たとえば，大学を卒業したばかりの新人のワーカー時代，「生活保護受給者の家庭を訪問し，悪い生活環境でも自分なりの夢を大事に育ちながら，それが叶えるまで奮闘しているクライエントに出会った経験とそのとき感じた心の感動」は，教科書や活字による教育だけでは，到底経験できない貴重な財産になると思います。

この科目で行うすべての活動が，皆さんにはほとんど初めての経験になるため，何をどうすればよいかが全然分からない，一回もやったことがないのに果たして自分がこれらの活動をうまく成し遂げられるかなど，不安で戸惑ったり，行き詰まることがあるかもしれません。そのとき，すべての不安を振り切って，挑戦してみる，冒険してみる，実行してみる挑戦意識，冒険精神，開拓精神が必要でしょう。そして懸命に取り組んでみる積極性などを一語で熱い胸と言い換えて表現できると思います。

（3）熟練した手と足

ソーシャルワーク援助活動は，ソーシャルワーカーの価値と知識から導かれた援助技術を用いて，クライエントあるいはクライエントの置かれた問題状況に働きかけていくことであると言えます。ソーシャルワーカーとして援助活動を展開するとき，また，社会福祉活動を行動に移し，実践・実行していくときには，多様な援助技術を適切に使いこなさなければならないため，熟練した手と足が求められます。

援助技術とは，さまざまな技術論を実際の援助活動の中で展開するための方法であります。社会福祉援助技術は，直接援助技術，間接援助技術が中心をなしていますが，近年に至っては，多様化，複雑化している社会福祉ニーズと社会問題に対処するため，関連援助技術も活発に使われるようになりま

表1-1　ソーシャルワーカーの専門的行動と非専門的行動

	専門的行動	非専門的行動
活動の基盤	公式的教育・訓練・学習・知識に基づいた行動	個人的意見や好みに基づき，決定・行動
外部の圧力	関わらない	外部の圧力に弱い
結定基準	客観性	主観性
判断基準	専門的価値・倫理綱領	個人の判断
専門的取組み	社会福祉援助活動の質を高めるための知識・スキルの開発	職業を維持する最小のことだけを学ぶ
クライエントとの関係	目的指向	友人関係と類似
優　先	クライエントのニーズ	ソーシャルワーカーのニーズ
業務に対して	批評・指摘を要請	批評・指摘を避ける
ワーカー自身の感情	ソーシャルワーカー自身の感情的反応を統制	感情的に表現する
クライエントの感情	クライエントの否定的感情表現の背景を理解しようとする。	個人的感情として受け止める
記　録	完全で正確な記録	不完全で不正確な記録
取り組み	いつも新しい知識と情報を求める	現実にとどまる。
職業観	ソーシャルワーカーの仕事を生涯に亘る生き甲斐として受け止める	すぐに他の仕事に移す態勢

出所：B. W. Sheafor, C. R. Horejsi, G. A. Horejsei, *Techniques and Guidelines for social work practice*, 4th Edit, Allyn and Bacon, 1997, pp. 207-209.

した。

　また，ソーシャルワーカーが直接足を運んで現場で体得した経験と，実感した新鮮な感動と衝撃は，社会福祉サービスの効果を最大限に高めるのに役立つだけでなく，クライエントの満足できるサービス提供の根源にもなると思います。

　これから皆さんは，社会福祉六法に基づいて設立された施設や機関でのボランティア活動はもちろん，市民団体活動や地域社会の中のネットワーク活動や支援活動など，さまざまな領域・分野の参加活動を通して援助技術を熟練させていくと思います。

　このようなしっかりした心構えを持ち，専門職者としての価値と知識と倫理綱領を基に，熟練した援助技術を使って社会福祉援助活動を行うとき，初めて専門的ソーシャルワーカーになっていくと思います。

3　ソーシャルワーカーの専門的行動と非専門的行動

ソーシャルワーカーの専門的行動と非専門的行動は，**表1-1**のようにかなり異なり，社会福祉援助活動やサービスの質を高めるか否かの決め手になるということがすぐ分かります。**表1-1**を参考にし，ソーシャルワーカーの専門的行動を早く身に付けるために努力することと，自分のソーシャルワーカーとしての専門性を高めるために絶えず自己研鑽を怠らないことが要求されます。

社会福祉援助活動の共通展開過程

ソーシャルワークにおける援助関係は，一定の過程を通じて展開されます。それには，クライエントの問題を明確にし，その問題状況やニーズのアセスメント，援助の目標と課題の設定，そして援助計画を立て，実施し，それを評価するといった過程があります。

こうした援助過程が適切に展開されるには，何よりもまず，ソーシャルワーカーとクライエントとの間に信頼関係を確立することが求められます。そのため，社会福祉援助活動の過程は，援助者が対象者を専門的知識と技術によって支え，共に問題解決に取組む手順を示すものでなければなりません。[12]

1　社会福祉援助活動の過程

前述したようにソーシャルワークには，問題を抱えている個人・家族・グループを直接支援する個別援助活動・小集団援助活動や，地域全体またはその中に住むある一定の人びとのため，サービスを計画し，提供するなどの間接援助活動があります。直接・間接援助活動は，使われる援助技術が対象となるクライエントによって異なるため分けられますが，援助活動の過程はほぼ同じ段階を踏んで展開されます。

まず，ある問題またはニーズについてソーシャルワーカーが発見あるいは

図1-3　社会福祉直接援助（個人・集団）活動の展開過程

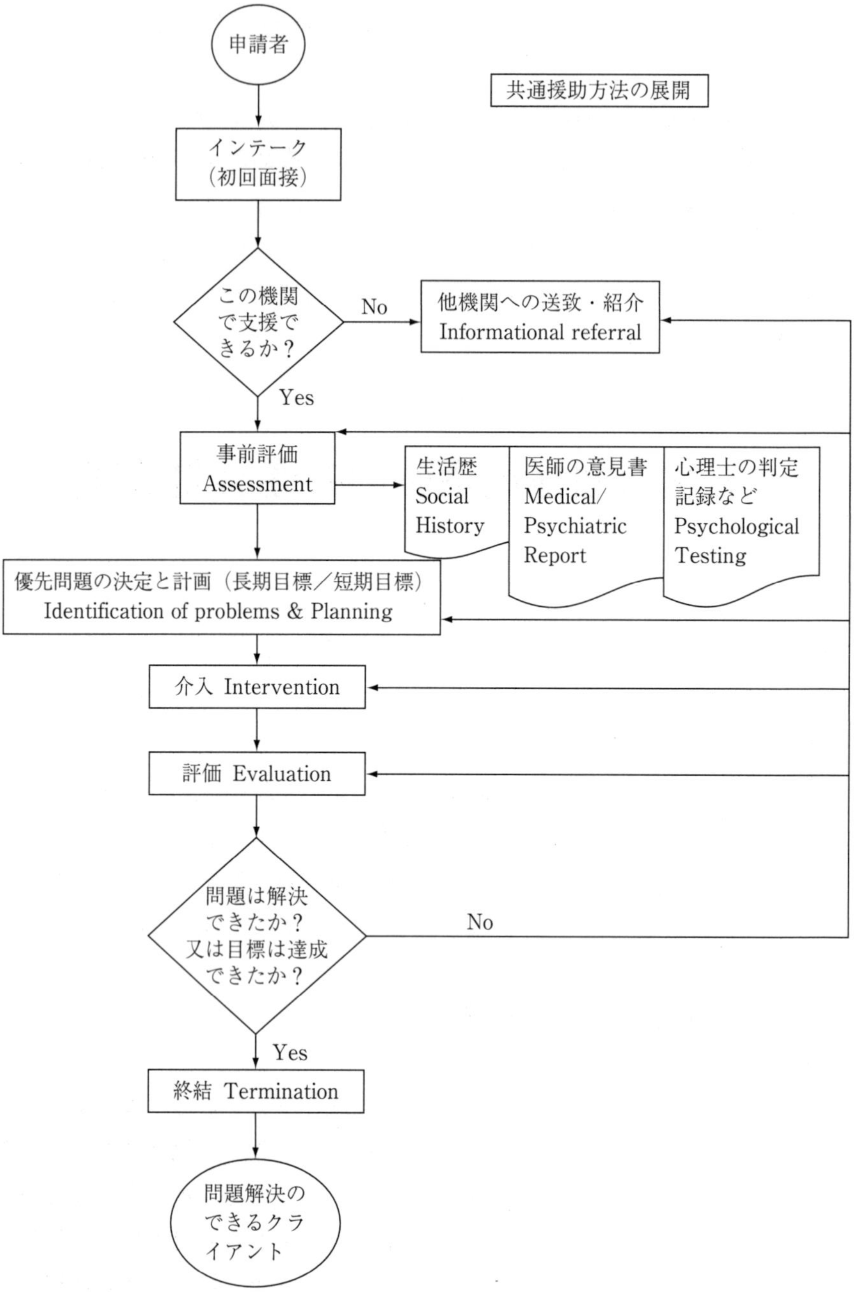

```
                申請者
                  │
                  ▼
            インテーク
            （初回面接）           共通援助方法の展開
                  │
                  ▼
          ┌─────────────┐
          │ この機関で   │  No    他機関への送致・紹介
          │ 支援できるか？├──────► Informational referral ◄──┐
          └─────────────┘                                    │
                  │ Yes                                       │
                  ▼                                           │
          事前評価          生活歴    医師の意見書   心理士の判定
          Assessment        Social    Medical/      記録など
                            History   Psychiatric   Psychological
                                      Report        Testing
                  │
                  ▼
     優先問題の決定と計画（長期目標／短期目標）
     Identification of problems & Planning ◄─────────────────┤
                  │                                           │
                  ▼                                           │
            介入 Intervention ◄───────────────────────────────┤
                  │                                           │
                  ▼                                           │
            評価 Evaluation ◄─────────────────────────────────┤
                  │                                           │
                  ▼                                           │
          ┌─────────────┐                                    │
          │ 問題は解決   │                                    │
          │ できたか？   │  No                                │
          │ 又は目標は達成├────────────────────────────────────┘
          │ できたか？   │
          └─────────────┘
                  │ Yes
                  ▼
            終結 Termination
                  │
                  ▼
              問題解決の
              できるクラ
              イアント
```

出所：ヘネシー澄子・関口惠美・洪金子ほか『基礎福祉演習』東京福祉大学，2001年，3頁．

着目したときに、その問題やニーズがどのようなものかを把握するために行うインテーク、または問題発見の段階から援助活動が始まります。次にその問題やニーズがなぜ起こったか、どのくらいの人数の人たちが同じ問題やニーズを持っているのかなど、さまざまなデータや情報を収集し、アセスメント（事前評価）を行い分析します。その分析を基に援助目標を立ててそれに沿った援助方法を選んでから具体的な援助活動を実践します。そして、その活動が援助目標を達成するのにどのくらい効果があったかを評価します。

図1-3は社会福祉の直接援助活動の展開過程を描いたものであり、図1-4は間接援助活動を描いたものです。初心者には、図1-3はまだ理解できないかもしれませんが、より勉強が進んだ一定レベル以上の人は、図1-3と図1-4を比較し共通点をよく記憶してください。この科目で、同じような段階を踏むようになりますので、授業が進むうちに分かってくると思います。

2　直接援助活動の過程

援助過程とは、援助者と対象者双方におけるいくつもの試行錯誤のなかで進められていく道のりであり、これは、直接援助活動においても間接援助活動においても共通する点です。そのため、図1-3、図1-4で見るように、援助結果に関する評価に基づき、問題を再分析し、計画を立て直して、再び実践して、評価する過程を繰り返すことになります（図1-3、図1-4参照）。

利用者（Client, クライエント）

利用者とは、助けを求めて社会福祉機関や施設にやってくる人のことで、社会福祉援助の対象者にあたります。昔は、恩恵、助け、あるいは、ソー

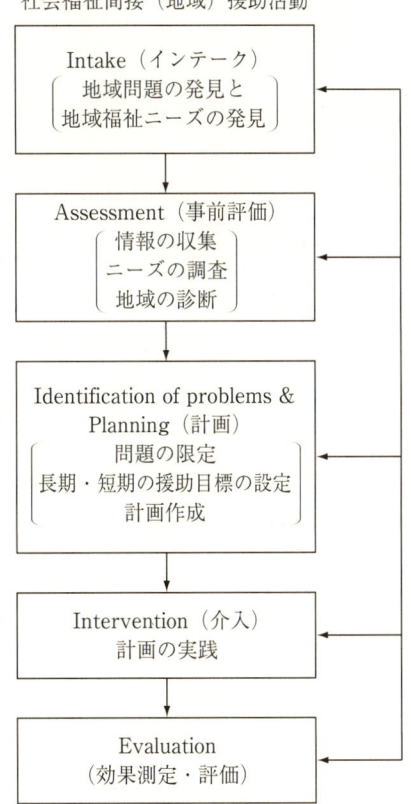

図1-4　共通援助方法の展開過程

シャルサービスを受けるという意味で、受け身的に使われました。その背景には、貧困の原因が、社会的構造にあるより、個人が怠けて不真面目であるから貧困になるという個人的責任を問う考え方が強くありました。貧困者に対して恵みを施すという意識が強かったため、受ける側との関係が平等でなかったのです。

しかし、近代に入って民主主義と人権意識が高まり、貧困観も社会的要因により比重を置くようになると、平等な関係を表す「利用者」、あるいは横文字をそのまま使う「クライエント」と呼ぶようになりました。市場経済からの福祉参入が拡大されると、「消費者」、「顧客（お客様）」などの呼び方も登場してきました。

インテーク（Intake，初回面接）

インテークは、「取り入れること」あるいは「受付」と訳すことができます。専門的援助は、もう利用者との出会いの時点から始まるので、ここでは単なる事務的な受付と混同しないように、インテークという用語を使用します。

インテークの目標は、クライエントが持っている問題に対する解決や支援を社会福祉施設や機関で提供できるかどうかの適格の可否を決める（Eligibility）ことです。このとき、大体クライエントのニーズが機関の使命（ミッション）や人的・物的資源に附合すると、「可」として受け入れるようになり、次の段階のアセスメントに移っていきます。「不可」と決定したら、この段階で、終了するか、他機関に紹介したり、送致します。

通常インテークは、問題が持ち込まれた時点で、面接という形をとって行われます。面接とは、目的を持って人と会うことを言います[13]。社会福祉援助活動で行われる面接では、個人や家族、グループから情報を収集したり、問題の診断や評価、治療、介入などを行うことが目的となります。インテーク段階の面接は、1回もしくは数回で完了することが通例です。

インテークの段階では、必ずしもクライエントとの人間関係を作るまでにはいかないこともありますが、クライエントが快く話せる環境を作り出せる、もう一度来たいと思わせるように面接を行うことが大切です。

インテーク面接においては、次のことを明確にする必要があります。まず、クライエントがこの機関に来た理由について把握します。面接を通して、①クライエントがなぜ私の前にいるのか、②どのように、または誰からこの機

第1章 社会福祉教育の中で基礎福祉演習の占める位置

関のことを聞いたのか,どのように聞いたのか,③クライエントの主訴は何か,④クライエントがこの機関に期待していることは何か,に関する情報を集めます。

そして,クライエントの属性について調べます。クライエントの名前・住所・生年月日・保険その他,また必要なら家族構成や職業・勤め先,そしてその他機関が必要とする項目について調べます。

クライエントに関する事項が終わったら,次はこの機関の①サービスやプログラム,②運営の時間帯,③(子ども連れなどの場合)保育場所の有無,④時間外の連絡方法などについてクライエントに説明をします。

必要であれば最後に,次の面接の予約をとります。このとき,①もしインテークワーカーが,クライエントを受理するかどうか即座に決められないときは,それがいつ,どのような過程を通って決められるか,②もしインテークワーカーと担当するワーカーが異なる場合,そのワーカーからいつ頃どのようにクライエントに連絡するか,③インテークワーカーが継続して担当のワーカーとしてクライエントを支援するなら,次の面接の予約と,どのようなことを中心にアセスメントを始めるかについて説明します。

▎アセスメント(Assessment, 事前評価)

アセスメントとは,問題の明確化とモニタリング(点検)のことです。具体的には,ソーシャルワーカーが,クライエントをはじめクライエントの問題と関わる人びとと,インタビュー,家庭訪問等を通して集めたクライエントに関するすべての情報を総合的に分析・合成することです。

ソーシャルワーカーは,アセスメントの情報源として,①クライエントの言語的・非言語的記述や表現,②アセスメントのフォーマット,③関係者からの情報,④心理テストや DSMⅣ,⑤キーパーソンとの相互作用と家庭訪問で得た情報,⑥施設や機関の中でのワーカーとのやり取りや相互作用,⑦生活史の調査,⑧ジェノグラム(Genogram)やエコマップ(Ecomap)などを活用し,情報を収集します。

生活史に関する情報は,クライエントや家族との面接調査を通して,①クライエントの主訴,②生い立ち・学歴・職歴,③医療歴,④現在の家族・家族関係・住居・生活環境,⑤現在の心身の健康状態,⑥ワーカーから見た問題の仮説と欠けている情報,⑦社会的資源(クライエントの内的資源,サポー

トシステム，地域資源など），⑧長期・短期目標などを把握することが求められます。

アセスメントでは，①クライエントの問題に対する理解（問題の発生およびクライエントとその家族の役割），②クライエントと家族のストレングス・限界・性格的な面での長所・短所，③問題に対するクライエントの動機づけ，④問題と関わる環境的要因，⑤問題を解決するため活用あるいは必要とされる資源などを把握するため努力します。

ここでは特に，クライエントの問題をアセスメントするため，何をどのように把握するのがよいかを，クライエントとの面接調査で活用できる具体的な質問形式でいくつか紹介します。

1. クライエントが懸念している問題は何か，問題はどういう状況で起きて，どのような言動で表現されるか？
2. 問題発生の頻度・時間はどうか，その問題行動はどの程度の深さ・強さで起こるのか，その影響は何か？
3. 問題は発生してどのような過程を経て現在に至っているのか？
4. クライエントはその問題をどう見ていて，その問題にどのような意味を付与しているのか？
5. 問題に対するクライエントの情緒的反応は何か？

プランニング（Planning，計画）

計画は，解決すべき課題となる問題を認識し，目標を設定することから始まります。これに続き，問題を解決するための援助計画を立てます。

目標は，長期目標と短期目標を設定します。短期目標は，近いうちに達成しようとする目標のことで，より日常的で，細かい目標のことを言います。それに比べて，長期目標は，いくつかの短期目標を達成することで，到達できる目標のことで，最終的に達成したいゴールのことを言います。

計画のとき立てた目標は，援助活動を実施したあと，初めに掲げた目標が達成できたかどうかの効果の評価にもつながるため，抽象的でなく，具体的に設定すること，なるべく，測定可能なように設定することが求められます。

介入（Intervention）

　介入は，ソーシャルワーカーによって意図的に行われる援助活動のことを言います。

　ソーシャルワーカーはこの介入過程で，絶えず目標や目的に向かいながら活動を展開します。

　伝統的なケースワークでは，介入（Intervention）を処遇あるいは治療（Treatment）という用語で表現していました。しかし，処遇や治療は，クライエントを病理的に取り扱うということで，現在はその代わりに介入という用語を使うようになりました。それは「介入」が，単に狭い意味での治療，処遇にとどまらず，ソーシャルワーカーによって，広く問題を解決したり予防したりするため，あるいは何らかの社会的な改善・増進に関わる目標を達成するためさまざまな実践を伴ってきているからでしょう。

　介入の範囲は，主として個人に焦点を置いた心理社会的アプローチから社会政策，社会計画および社会開発への参画にまで及びます。この中には，人びとが地域の中でサービスや社会資源が利用できるよう援助する努力だけでなく，カウンセリング，臨床ソーシャルワーク，グループワーク，社会教育活動および家族への援助や家族療法までも含まれます。さらに，施設機関の運営，コミュニティ・オーガニゼーション，社会政策および経済開発に影響を及ぼす社会的・政治的活動に携わることも含まれます。

　また，介入には社会的環境の中で，生活する人間に重点を置くという点で，生活モデルの考え方から強調するようになったアドボカシー（権利擁護）やエンパワーメント（パワーづけ・権限付与）などを重視します。

評価（Evaluation）

　評価は，一定の基準・目標にあわせて，問題解決の側面から援助活動を客観的に捉え直すことと言えます。評価をすることによって，問題解決をより合理的に進めていくことができます。

　評価には，援助活動の過程で行う評価と，最後に，終結するため全体的・総合的に行う評価があります。前者の評価は，どの過程でも一時的に立ち止まり，浮き彫りになった問題点を捉え直し，より合理的に進めていきます。後者の評価は，最初に立てた目標が達成できたかどうかの効果性とムダなく合理的に結果を生み出したかどうかといった効率性の観点から総合的に評価

します。

評価方法は，できれば，客観的に提示できる科学的方法であることが求められます。

3　間接援助活動の過程

間接援助活動としては，地域援助活動（Community Work，コミュニティワーク）が代表的です。地域援助活動（コミュニティワーク）は，必要に応じて地域援助技術はもちろん，社会福祉調査（ソーシャルワーク・リサーチ），社会福祉運営管理（ソーシャル・アドミニストレーション），社会福祉計画（ソーシャル・プランニング），社会活動（ソーシャル・アクション）などの技術も活用します。

地域援助活動（コミュニティワーク）は，従来のコミュニティ・オーガニゼーションより活動範囲が広くて，政策的であり，地域集団に対する事業，社会福祉運営管理，社会福祉計画法を包括している統合的概念であります。

地域ニーズの発見

コミュニティワークでは，まず地域内で起きている新しい問題や潜在している問題について問題意識を持ってそのニーズを発見することが必要です。個別事例との出会いからヒントを得たり，地域調査を行うことなどから，満たされているニーズと満たされていないニーズを見つけることができます。

具体的な福祉サービスに焦点を当てて「ニーズがある」という場合に，そのニーズの現れ方には以下の3つのレベルがあります。

まず，ニーズは福祉サービスを潜在的に必要としている人びと，あるいは，利用者数として現れますが，これを第1のレベルないし，1次的ニーズと言います。次に，福祉サービス従事者や計画担当者などのマンパワーの必要性として現れ，これを第2のレベルないし2次的ニーズと言います。最後に，建物や設備，施策や事業，給料その他の人件費等の有形無形の資源の形としても現れます。これを第3のレベルないし3次的ニーズと言います。

たとえば，ホームヘルプ・サービスであれば，それを必要としている人びとの数（第1のレベル），ホームヘルパー数（第2のレベル），制度や人件費や業務遂行組織（第3のレベル）という形でニーズが表現できるでしょう。こ

の3つのレベルすべてについて根拠となるデータの裏づけがあるとき，完成度の高い計画が設定できます。[14]

しかし，計画にあたっては，第1のレベルのニーズの把握が最初に行われるので，この科目では，第1のレベルのニーズの把握に重点を置いて学ぶようになります。

アセスメント（Assessment，事前評価）

地域でのニーズが把握できたら，次は，そのニーズに対するサービスやマンパワー，資源についての調査，あるいはそれぞれの状況や事情に対する事前評価（アセスメント）に入ります（以下，在宅での介護サービスを必要とする高齢者のニーズを想定して説明します。）

アセスメントの過程では，実際に行ったニーズ調査を基に，介護ニーズを持っている高齢者や介護者の持つ問題点と環境的問題点を明らかにして，そこからのニーズ，特にサービスニーズを明らかにしていく必要があります。ニーズは，実際に行われている介護の状況によって異なる形で発生するからです。そのため，高齢者の状態と介護状況や環境を相互に関連づけてアセスメントを行うこと，家族介護者などのインフォーマルな介護者や住宅環境などに関するアセスメントを，詳細にすることが求められます。

計　画

ここでは，ニーズ調査やアセスメントを通して明確に浮き彫りになった地域の問題を限定し，実践に移るための計画を立てます。在宅での介護サービス計画は，解決課題となる問題を認識し，目標を設定することから始めます。それが終わったら，援助計画を立てます。

援助計画は，問題解決に関わる情報を収集したり，視察などを通して計画の見聞を広めたりして，援助計画を作成します。まず，目標を長期目標と短期目標に分けて設定します。次は，実践する人びとの人数を決め，役割を与え分担させたりして，組織を整備します。なお，実践にかかる費用と時間と投入予定のマンパワーと物的資源やサービスなどを検討し，計画に入れ計画を練っていきます。

計画のモニタリング（Monitoring，経過監視）

計画を実行段階に移行した後，重要となってくるのは，初期のねらいどおりに計画が進行しているかどうかを監視することで，これをモニタリングと言います。経過の監視であると同時に中間評価の意味も持っていることから，過程評価（process evaluation）ともいい，最終的な効果評価の代用とされることもあります。

実践（Practice）

実践段階に移ると，意図したとおりの人材・資材・資金等の資源が投入されているか，意図した対象者を適切にとらえているか，サービス提供体制は適切に運営されているかなどの経過を常に評価しながら，意図とずれている場合には，軌道を修正して計画を継続するなり，無理がないかどうか初めに戻って計画を練り直します。

実践のときには，地域の中の資源の連携，ネットワークの開発と拡大を通して，地域住民同士のサポートシステムが形成されるように支援すること，地域住民の自発的な参加を促すことに重点を置きながら行います。

評価（Evaluation）

計画された福祉サービスが，意図した成果を生み出したかどうか，また，投入した費用に見合う便益や効果を生み出したかどうかを検討するのが，サービスの評価です。前者を効果（impact, effectiveness），後者を効率（efficiency）と言い，効果と効率を合わせて効用（utility）と言います。

効果評価は，計画を実施することによって，初めに掲げた目標が達成できたかどうかを，社会調査法を応用して実証的に検討することを言います。効率評価は，投入した人材・資材・資金・時間等の資源に見合う効果が出たかを実証的に算出することを言います。

社会福祉援助活動は，ヒューマンサービスであるがゆえに，効率性を優先しすぎると人権やアドボカシーの側面がおろそかになる可能性が高くなります。人権やアドボカシーを保障しながらも，効率性の高い援助活動を展開するためには，より綿密な計画と集中的なモニタリング，そしてそのフィードバックの取り入れ過程などを強化していかなければならないでしょう。

最終的には，サービスの効用を効果と効率の観点から評価して，継続，中

止，変更の判断材料を提供することになります。計画過程における前記の各課題を解決するための判断材料を提供するには，その情報が社会調査の方法を用いて確保された客観的・科学的なものでなければ説得力を失ってしまいます。

注

(1) Hoffman, K. & Sallee, A., *Social Work Practice : Bridges to Change*, Allyn and Bacon, Needham Heights, MA, 1994.
(2) Friedlander, W. A., *Concepts and Methods of Social Work*, Englewood Cliffs, N. J：Prentice-Hall Inc., 1980, pp. 1-7.
(3) 仲村優一・三浦文雄・阿部志郎編『社会福祉教室』有斐閣，1977年，2～19頁。
(4) Wilensky, H. & Lebeaux, C. *Industrial Society and Social Welfare*, Russell Sage, NY, 1958 p. 12.
(5) 仲村優一・三浦文雄・阿部志郎，前掲書，33～56頁。
(6) 国際ソーシャルワーカー連盟（IFSW），2000（IFSW日本国調整団体，2001年）。
(7) 障害の種類（身体障害，知的障害，精神障害）にかかわらず，障害者の自立支援を目的とし，共通の福祉サービスは共通の制度により提供するために，2005年10月31日成立しました。
(8) 三浦文夫『増補社会福祉政策研究』全国社会福祉協議会，1985年，59頁。
(9) リッチモンド，M.，小松源助訳『ソーシャル・ケースワークとは何か』中央法規出版，1991年，57頁。
(10) Alexander, J., "Organizing for excellence", *Clinical Social Work*, 5, 1977, p. 412.
(11) 黒川昭登『臨床ケースワークの診断と治療』，誠信書房，1996年，307頁。
(12) Sheafor, B. W., Horejsi, C. R., Horejsi, G. A., *Social Work Practice (4th Ed.)*, Allyn and Bacon, 1997, pp. 142-180.
(13) 平山尚・平山佳須美・黒木保博・宮岡京子『社会福祉実践の新潮流——エコロジカル・システム・アプローチ』ミネルヴァ書房，1998年，66～67頁。
(14) 定藤丈弘・坂田周一・小林良二編著『社会福祉計画』有斐閣，1996年，119～120頁。
(15) 同前書，22～25頁。

参考文献

Zastraw, C., *The practice of Social Work*, 5th Ed., Brooks Cole Publishing Company, 1995.

浦辺史・岡村重夫・木村武夫・孝橋正一『社会福祉要論』ミネルヴァ書房，1991年。
岡本民夫『社会福祉援助技術演習』川島書店，2005年，9～18頁。
山辺朗子『個人とのソーシャルワーク』〈ワークブック社会福祉援助技術演習2〉ミネルヴァ書房，2003年。
社会福祉教育方法・教材開発委員会『社会福祉援助技術演習』中央法規出版，2005年，10～72頁。
西村昇・江戸正国『社会福祉概論』中央法規出版，1998年，7～57頁。
大島侑，佐々木政人編著『社会福祉援助技術論』ミネルヴァ書房，1999年，45～74頁。
福祉士養成講座編集委員会編『社会福祉援助技術論Ⅱ』中央法規出版，2006年。
福祉士養成講座編集委員会編『地域福祉論』中央法規出版，2005年。
平山尚・武田丈・藤井美和『ソーシャルワーク実践の評価方法』中央法規出版，2002年，39～48頁。
李英芬・洪金子『社会福祉実践技術論』同仁出版社，2002年。
尹賢淑・洪金子『社会福祉実践論』同仁出版社，2002年。

第2章
社会福祉とニーズ

社会福祉分野においても「ニーズ」という言葉は非常に重要な概念となっています。たとえば，社会福祉の援助過程を見ても，最初に，ニーズのある者を発見し，その後，そのニーズをアセスメントします。そして，問題解決のため，具体的なプランを立て，次に，必要なニーズに対して適切なサービスを提供します。だが，ニーズという用語は社会福祉分野に限らず，さまざまな領域で用いられ，また，目的に応じて多様な使い方がされているため，その概念を明確に規定することは容易ではありません。

　しかしながら，社会科学を勉強するにあたり，概念の定義は重要なことです。なぜなら，社会科学分野では概念をどのようにとらえるかによって，答えが異なるからです。したがって，本章ではニーズの概念について検討した後，それが社会福祉または援助活動と関連し，どのような意味を持っているのかについて概観することにします。

① ニーズ（Needs）とは何か

　人間はその生命を維持し，また生活を営むためにはさまざまなニーズを必要としています。社会福祉分野においても近年，福祉ニーズの多様化，拡大化など，よく言われているように，ニーズ（needs）という言葉がキーワードとして，頻繁に使われています。しかし，その概念については，必ずしも十分に整理されているとは言えません。こうしたことから，以下ではニーズとは何かについて検討していきます。

　日本では英語の need または needs をカタカナで「ニード」，「ニーズ」と表記し，よくそのまま用いられている場合もありますが，本来，「ニーズ（needs）」は「ニード（need）」の複数型であり，ニードは動詞として「必要とする」という意味もあります。たとえば，"I need you" という歌や，"I need to eat" というように使われています。この need を名詞として複数にしたのがニーズ（needs）ですが，これは「生活上，必要とするもの」を意味する言葉としても用いられてきました。[1]すなわち，ニードは人間の「必要」，「欲求」，などを集合的・抽象的に表したものを指すのに対して，ニーズは個々の具体的な「必要」，「欲求」，などを指しています。だが，ここで

は，「ニーズ」あるいは「欲求」という言葉で統一して表記することにします。

このように，ニーズ，ニードとは「一般的に「必要」，「欲求」，などの言葉に訳され，人間の生存を基礎に，それをよりよい状態で維持し，かつ，自己実現のために不可欠で，基本的な生活要件である」と説明することができます。これには身体的，心理的，経済的，文化的，社会的などに必要なものが含まれ，すべての人びとがその社会生活機能を維持するために発生するものであります。フリー百科事典『ウィキペディア』によれば，「欲（よく）は動物・ヒトが，それを満たすために何らかの行動・手段を取りたいと思わせ，それが満たされたときには快を感じる感覚のことである。これを欲望・欲求等ともいう」[2]と明記されています。このように，快を感じる感覚には本能的（生理的）レベルから，社会的または自己超越的な高いレベルのものまで含まれています。

それでは，社会福祉と関連して「福祉ニーズ」とはどのようなものでしょうか。社会福祉の基本的な機能として，さまざまな問題に直面している人びとに対して社会的に対応し，その問題を解決していくことが挙げられます。人間の社会生活は，個人ニーズの充足だけでとらえることはできません。人間の生活は，社会の仕組みや諸制度に加えて，色々な集団との関わりの中で営まれます。つまり，個人と社会との関わりの中で生まれるニーズが社会福祉の対象になり，これを岡村重夫は「社会生活上の基本的欲求」と言います。また，三浦文夫は「一般ニーズ」と「福祉ニーズ」を区別して説明を行っています。三浦によれば，福祉ニーズとは「ある種の状態が，一定の目標なり基準から見て乖離の状態にあり，そしてその状態の回復・改善等を行う必要があると社会的に認められたもの」[3]であると述べています。

ここで，「ある種の状態が一定の目標なり，基準から見て乖離の状態にある」とは，具体的にどのようなことを意味しているのでしょうか。たとえば，ホームレスを取り上げてみると，ホームレスになった背景はさておき，生活状況をみると，基本的なニーズが満たされていないと言えるでしょう。こうした状態は，人間らしく生活を送るための基準から見れば，かけ離れた状態にあると言えます。現在の状態が，人間らしく生活を送るための基準から見て，かけ離れた状態にあることから福祉ニーズは生じることになります。しかし，そうしたニーズに対して，社会や政府が対応していくべきであるとい

う問題認識がない限り，それは制度化されません。制度化されないと，実際にホームレスの問題を解決することも難しくなります。その意味で，「ある状態の回復・改善などを行う必要があると社会的に認められる」ことは，福祉ニーズにあって重要な要素になります。また，福祉ニーズを語る場合，「ある種の状態が，一定の目標なり，基準から見て乖離の状態にある」ということと，その「状態の回復・改善等を行う必要があると社会的に認められている」こと，すなわち，この二つの要素を持っていなくてはならないのですが，三浦は前者を「広義のニーズ（依存的状態）」，後者を「狭義のニーズ（要援護性）」と呼んでいます。

　なお，ニーズと似ているが，明確に区別されるべき言語として欲望，要望という意味を持つ「ディマンド（demand）」があります。だが，このディマンドは，必ずしもニーズと一致するとは言えません。なぜならば，「ディマンド」は毎日の生活の中での人間の欲望を指しています。しかし，この日々の生活の中で生じるすべての欲望が，本当に福祉ということから見て必ずしも支援を必要としているのかと言えば，そうではありません。つまり，ディマンドは真の意味でニーズとは言えません。人は福祉ニーズにそぐわないディマンドを表明することも，しばしばあるからです。(4)

　このように，ニーズが意味している概念について簡単に触れましたが，実際，ニーズに対する研究は長い間，多様な分野で多くの研究者から議論されてきました結果，その概念の定義もさまざまで，また統一されていません。ニーズの概念がこのように多様で，不明瞭でとらえにくい概念であることには，次のような理由があります。

　第1に，ニーズの持つ意味があまりにも多元的であり，また，ニーズ（needs）という英語を日本語に訳する際，そのままニーズと使用されたり，場合によっては必要，欠乏，欲求，欲望，願望といったいくつもの言葉があるということが挙げられます。

　第2に，ニーズ概念が非常に広く，社会政策，医療，保健，社会福祉，心理学その他といった広範な領域で使用されている点が挙げられます。社会科学という学問は社会現象を考察する分野で，基本的な研究の対象がそれぞれ異なるのみならず，たとえ，同一の社会現象であっても，変数の使い方や見方，解釈により，概念や答えが異なる属性を持っているからです。

　第3に，言葉の表記においても，単に「ニーズ」と表記する場合や「〇〇

ニーズ」と表記する場合が多く，また，その意味する範囲も大きく変わることがあります。たとえば，社会福祉の領域においても，「ヒューマンニーズ」という非常に広い意味の概念を用いる場合もあれば，「要介護高齢者のニーズ」，「虐待される子どものニーズ」といった比較的，限定された概念を用いる場合もあります。

しかし，ニーズの概念が，とらえる視点によって多様に用いられているとしても，すべてにおいて共通するとは言えませんが，以下のような面から，共通点が見られます。[5]

第1は，「問題」，「欠乏」，「必要」，「妨げ」といった語が見られ，「良くない状態」を示す言葉であるということです。第2には，「特定化された水準よりも下」，「基準から見て乖離」，「充足されるべき」，「～のために必要」，「一定以上のレベル」といった語が見られ，その良くない状態を決める「基準」のようなものがあるということです。第3に，「価値判断」，「社会的に認められた」，「判定された」といった語が見られ，ある基準のようなものから判断して良くない状態にあるのではないかという「価値判断」が含まれているという意味で，用いられているということです。第4に，「基準から考えて必要と判断された」という基準が動的であり，固定的ではないことです。つまり，ニーズの状態を判断したり，決める基準が，文化や時代，法律や政策の改正によって左右されるために，ニーズは固定的ではなく，動的，相対的，規範的なものであるということです。[6]

たとえば，基本的人間のニーズ "basic human needs"，普遍的人間のニーズ "universal human needs" というものは，人間に共通した普遍的で基本的なニーズであるから固定的である，という考え方もあるかもしれませんが，このようなニーズも使用する視点によって，「生き残るために最低限必要なもの」「身体的，精神的，文化的に満たされていること」「機会が平等に持てること」というように範囲がいくつか考えられ，その範囲は時代や文化，社会情勢等により変化するので，固定的ではないと言えるでしょう。こうした点を踏まえて，以下はニーズ論に関するいくつかの理論を検討することにします。

② 個人のニーズ

1 マズローの「ニーズ段階説」

　停止している物体は，一定の衝撃を受けない限り動きません。同様に，人間もある動機がなければ，行動に移りません。人間の場合，こうした行動の根源がニーズであり，このニーズはある誘因や刺激を受けて行動し，満たされなかったニーズを充足させます。個人ニーズとは個人が持つニーズを言いますが，これに対する研究は長年，多分野で，数多くの研究者によって議論されてきました。そのなかでも，人間には国籍・性別・文化などの背景に関係なく，共通のニーズがあるという仮説に基づいて「人間共通のニーズ」という概念を体系化したのが，アメリカの心理学者 A. マズロー（A. H. Maslow）で，彼は5段階のニーズのピラミッドを提案しました。この仮説 (hypothesis) は，実証されていないので，問題点や批判もありますが，それにもかかわらず，人間のニーズに関して，多くの人びとから引用されているし，また，その内容も理論的に分かりやすいので，ここで検討します。

基本命題

　マズローによれば，人間は生まれてから死ぬまで目標を追求し，また，その目標を達成させるため，心から衝動が起こり，これによって行動をするようになると説明しています。この場合，その衝動の根源がニーズですが，これは5段階に形成され，個人のある時点での行動は，その人のニーズの中で一番強いニーズによって決定されると主張しました。そして，人間のニーズは下位のニーズから上位のニーズへと，成長・発達するという「優性の原理」を強調しましたが，ニーズに対して彼が言う主要な命題は，次のように構成されています。

　第1に，人間は何か足りない存在であることです。それゆえ，人間はいつも何かを必要とし，また，これを願っています。だが，そのニーズが満たされるとまた新しいニーズが生まれ，これを追求することになるということで

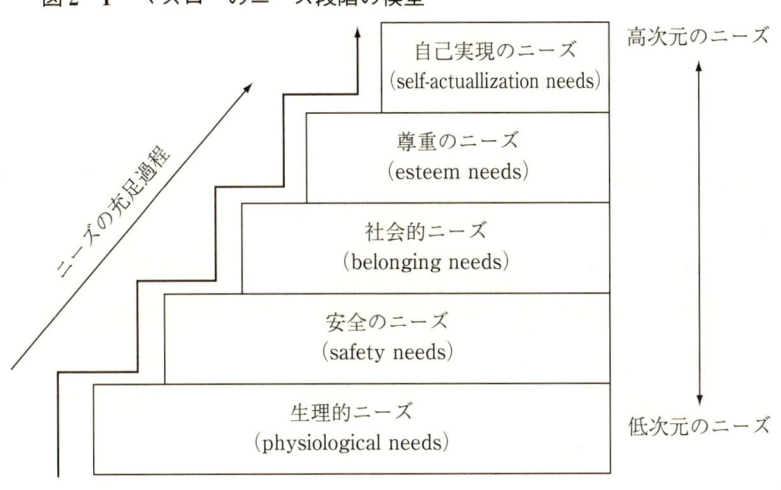

図 2-1 マズローのニーズ段階の模型

```
                    自己実現のニーズ              高次元のニーズ
                    (self-actuallization needs)
              尊重のニーズ
              (esteem needs)
        社会的ニーズ
        (belonging needs)
     安全のニーズ
     (safety needs)
  生理的ニーズ                                    低次元のニーズ
  (physiological needs)
```

ニーズの充足過程

出所：筆者作成。

す。第2に、満たされたニーズはこれ以上、人間のモチベーションを誘発させる要因には作用せず、充足されていないニーズだけが、人間行動のモチベーションとして作用するという命題です。第3に、人間のニーズは階層的な段階に構成されており、また、そのニーズは下位のニーズから上位のニーズへと上昇、移動することになる、との基本命題を前提に理論を展開しました。

ニーズ段階説の内容

マズローは、人間のニーズを図2-1で示すように下から、①生理的なニーズ、②安全のニーズ、③社会的のニーズ、④尊重のニーズ、⑤自己実現のニーズなどの5段階に分け、人間はそれぞれ低いレベルのニーズが満たされると、次に、その上位ニーズの充足を目指すと唱えました。ここで、その内容について見ることにします。

（1）生理的ニーズ（physiological needs）

マズローは、人間の自己保存のため、階層の底辺にあるまだ学習されていないニーズとして、「身体的・生理的なニーズ」を取り上げています。これは食欲、睡眠欲、性欲、のどの渇き、排泄などのニーズで、我々が生きていくために欠かせない基本的なニーズを指しています。こうしたニーズが充足されていない場合、人は基本的な生を営むことができません。韓国で「金剛

山も食後景」ということわざがあります。直訳すると，金剛山も食事後に見物するという意味です。つまり，いくら綺麗で美しい山の風景であっても，空腹状態では真の風景を見ることができないということで，見物より食欲が先であることを意味しています。

　たとえば，地震や火災で家をなくしたり，あるいは，戦争を避けて逃げてきた難民の人びとが，まず必要とするものは，食物やテント，衣類など，生理的なニーズでしょう。こうしたニーズを抜きにして，難民の人びとに「あなたが今，している仕事は，本当に自分のやりたいことですか」，または，「自分の生きがいを持ち，楽しい人生を営むためには何が必要ですか」など，ニーズの一番上段にある「自己実現のニーズ」に関する質問をしたとしても，本当に難民の人びとが必要とするものに対応することは不可能でしょう。

　（2）　安全のニーズ（safety needs）

　もう一つの基本的なニーズとして，「安全な状態に身を置きたいニーズ（安全のニーズ）」があります。これも生理的ニーズと並んで人間の本能に近いニーズとも言えます。このニーズは身体的危険や基礎的な生理的ニーズを奪われる状況を避けたいというニーズです。人間は戦争，疾病，事故，暴力などから自分の命を脅かされない状況から，もし，そうした危険な状態に置かれてしまったとき，その危険をいかに回避し，安全を確保するかに必死になり，それ以外のことは考えにくくなるわけです。たとえば，水に溺れる者は，わらにもすがるという話があります。これは人間が自分の命を守るため，いかに必死で行動するかを見せています。また，戦火のうずまく故郷を後にして，知らない国に難民として移ろうとするのは，危険から抜け出し，安全な所に自分や家族を置きたいと望む人間共通のニーズの一例でもあります。

　（3）　社会的ニーズ（belonging needs）

　次に，マズローは，自己保存に必要な欲求が満たされると，次に表れる心理的なニーズとして，二つのニーズを提案しています。その一つが，何かに帰属したいというニーズで，これを「社会的ニーズ」と言います。よく人間は社会的動物であるとも言われているように，生まれてから家族，学校，会社，地域社会など色々な社会の中で生活をしながら，常に，あるグループへ属したいというニーズを持っています。このニーズは，生理的なニーズや安全のニーズが満たされてから生じるのが一般的です。赤ちゃんが生まれたとき，その生存に必要な母乳や排泄の世話，暖かい安全な所に寝かされるなど

のニーズが十分に満たされても，胸に抱き「可愛い」と愛してくれる人がいなければ，他人を愛し，また，その愛を返せる人間には育ちません。特定の人びとに愛し愛されることが，子どものときからずっと体験できて，初めて「人間らしさ」とか，「社交性」が芽生えると言えます。マズローによれば，社会的ニーズは健康で正常的な人の場合，基本的に充足されると主張しています。

（4） 尊重のニーズ（isteem needs）

社会的ニーズが満たされると，多くの人は他人から認定や尊重されたい，または，自分自身が重要であると感じると同時に，他人からそのように認めてもらいたいというニーズが生まれます。これを「自己尊重のニーズ」と言い，こうしたニーズには権力欲，名誉欲，地位欲，成就欲などがあります。これは自尊心と深く関係があります。もし，自尊心が充足されないと，人は劣等感や無力感を持つことになります。自己尊重のニーズは他人との人間関係の中で満たされるものなので，自分一人で「私は偉いのだ」と得意になることではありません。

我々は成長過程の中で，まず家族から，そして友人や先生から，あるいは，自分を取り囲んでいる他人の中で大切だと思われる人から，自分について色々と言われたことがあるでしょう。それが，ある場合は誉め言葉であったり，または，叱られ批判される言葉の場合もありますが，それによって，私たちは他人の目に映った自分を「自己像」として，自分の中に作っていきます。これを英語で Looking glass self（鏡に写った，または他人の目に写った自己像）と言います。これが他人に肯定的に受け入れられる自己像であった場合，人間は自信を持って，「私は他人にとっても大切な人間だから，自分を尊重しなければ」と思うようになります。さらに，自分を尊重できる人は，また，他人も尊重できる能力を備えることになります。

平和で，物質的にも豊かになった現在，日本の社会を考えると，援助活動の対象となる多くの人びとの中には，生理的なニーズや安全のニーズよりはむしろ，この心理的なニーズを必要とする人びとが，多数いるかもしれません。したがって今後，援助を考える際は，こうしたニーズに関心を持つ必要があるのではないでしょうか。たとえば，青少年の自殺という社会問題を取り上げてみると，自殺者の中には，虐待や放置を体験した人びとが多数います。この人びとは虐待を避けるために自殺したのではなく，親や親の代理と

なる大人が「お前は生きている価値のない人間だ」ということを言葉や行為で子どもに伝え，子どもがそれを自己像の中に取り入れ，「私は生きる価値がない」と思い込んで自殺する事例が多いのです。

また，社会的差別行為によって，自己尊重のニーズが満たされず，「自分は頭が悪い」とか，「自分は何もできない」との自己嫌悪に陥って，非行少年になるケースというのは数少ないのです。

（5）　自己実現のニーズ（self-actualization needs）

最後に，マズローがニーズの中でも最高の価値を付与しているニーズとして，階層の一番上にある「自己実現のニーズ」があります。これは個人が持つ自分の能力と価値を最大限に発揮して，自分の夢を実現させようとするニーズを指しています。このニーズは人びとの個性がそれぞれ異なるように，きわめて多様なのが特徴です。特に，このニーズが他のニーズと区別される点は，一旦このニーズに支配されると，ニーズが満たされても，その後また新しいニーズが生まれ，それを追求することになり，このニーズに支配されるということです。

マズローの説に対する評価と批判

以上のように，マズローは人間のニーズはいくつかの階層になっており，またニーズは低次元のニーズから高次元のニーズの方に上昇していくというのが「ニーズ段階論」の要点でしょう。それでは，この説は社会福祉の援助活動と関連して，どのような意味を持ち，何を示唆するのでしょうか。また，どのような問題点や批判があるのでしょうか。

まず，示唆として考えられるのは，人間は複雑でさまざまなニーズを持っていますが，こうしたニーズに対して体系的に分析を行ったということが挙げられます。このことはソーシャルワーカーが援助活動を行う際，きわめて重要なことです。その理由は，前述したように，援助活動の一般的なプロセスは，問題発見（intake）の後，ニーズ把握が行われ，計画（plan）が立てられてから実践（do）に移り，実践が終わった後，その結果を評価（see）するという順になっています。

周知のとおり，計画段階の前に問題発見とニーズ探索の過程があります。もちろん，効果的な援助活動になるためにはすべてのプロセスがそれぞれ大切ですが，そのなかでもニーズ探索の段階は，より良い計画を立てるために

は，どの段階よりも重要な過程であると考えられます。なぜなら，Yシャツを着るとき，最初のボタンを間違って掛けると，その後は当然，間違って掛けるようになります。つまり，クライアントが今一番必要としているニーズは何かについて的確な把握ができないと，問題解決のため適切な計画も実践も不可能であるからです。

　第2に，社会福祉サービスの提供は，マズローが言うニーズ段階のように，低い水準のニーズ充足から高い水準のニーズ充足を目指して行われているのが一般的です。これは限定された社会資源の効率性を，可能な限り高めるためには良い方法として考えられているからです。

　第3に，人間のニーズ段階は，社会福祉サービスのプログラムを比較するための，比較研究の基準になれるということです。各国の社会福祉サービスが，どのようなニーズの水準を中心に実施されているかを分析することによって，社会福祉プログラムの発展水準を把握できる基準にもなるということです。こうした点から，マズローが人間の多様なニーズ概念について具体的に述べ，さらに，それを初めて体系化したことや，人間行動の原因と関連したモチベーションを説明したことに対してはおおむね評価されています。[14]

　しかし，こうした評価とともに，一方では次のような厳しい批判や問題点が指摘されています。マズローは「命題」でも示しているように，ニーズの段階を5段階に区分し，また，段階ごとにニーズの概念について述べていますが，その概念の定義が不明確なので，科学的に検証することが不可能であるという批判があります。また，ニーズは低次元のニーズが満たされてから，次の段階にあるニーズが生まれると論じたが，必ずしもそうではないということです。たとえば，宗教の自由を認めていない，さらに，特定の宗教活動を禁止している国家で，命をかけて宣教活動を行っている宣教師の場合は，安全のニーズよりは宣教活動という自己実現のニーズが優先した行為だと言えます。

　次は，マズローが言うニーズの発生や充足に対する批判です。マズローが言うように，一つのニーズが100％満たされてから次の段階にある新しいニーズが生まれるのではなく，いくつかのニーズが同時に表出されることが一般的であり，また，各段階のニーズが部分的に，同時に充足される場合もあります。たとえば，多くの人びとが自分の仕事に一生懸命に取り組んで

ることは，基本的な「生理的なニーズ」のみを追求するのではなく，同時に，「社会的ニーズ」や「尊重や自我実現のニーズ」を追求することであると言えます。

なお，同説はニーズの分類における過度な画一性によって，個人の差異，ないしは，人びとが置かれているそれぞれの状況を軽視した点や，マズロー自身も，信頼できるデータが深刻に足りないことを，この説を提唱した当初から述べているように，実証的な裏づけが乏しいという批判を受けています。さらに，理論構成という側面においても，ニーズの測定手段の適正性の問題や，5段階に区分されたニーズ体系があまりにも細かく分けられているとの指摘もあります。[15]

演習課題
1年生：マズローの提案するニーズの体系を使って自分が生まれてから現在に至るまでの生活を振り返り，満たされたニーズ，満たされなかったニーズを見つけ出し，それが自分の人格形成にどのように影響しているかについてレポートを提出してください。

2年生：自分の能力や可能性をどのように実現したいか，そのために何をしたらいいのか，そして何が障壁になっているのか，それを取り除くには何をしたらいいのかについてレポートを提出してください。

2 アルダーファーのERG理論[16]

マズローのニーズ段階説に対して色々な批判があったことは前で述べましたが，ここでは，マズローの修正理論の一つとして，よく知られているP. アルダーファー（C. P. Alderfer）のERG理論を取り上げてみることにします。アルダーファーはマズローのニーズ5段階説を修正し，図2-2のように，個人の基本的なニーズを3段階のニーズ，すなわち「存在のニーズ（existence needs）」・「関係のニーズ（related needs）」・「成長のニーズ（growth needs）」に区分してニーズを説明しています。[17]

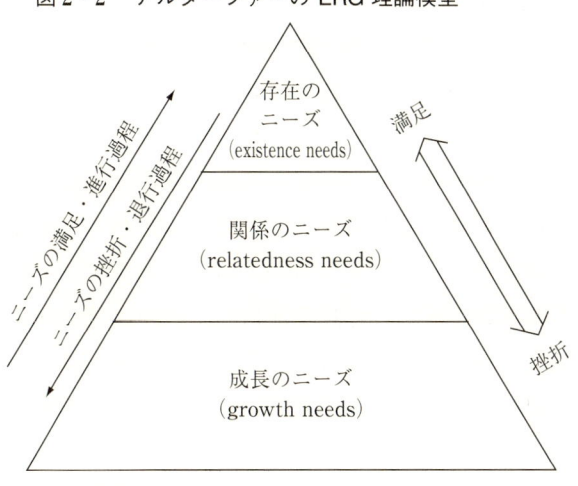

図2-2 アルダーファーの ERG 理論模型

```
            存在の
            ニーズ
         (existence needs)         満足
      ニーズの満足・進行過程
      ニーズの挫折・退行過程
          関係のニーズ
        (relatedness needs)        挫折
          成長のニーズ
          (growth needs)
```

出所：筆者作成。

存在のニーズ（existence needs）

まず「存在のニーズ（E）」とは，食欲，睡眠欲，のどの渇き等の生理的・身体的なニーズと，さまざまな危険から自分の身を守りたいなどの安全に関するニーズで，これらは人が生活するうえで，欠かせない基本的なニーズを意味しています。このニーズはマズローが言う生理的ニーズと安全のニーズとに一致する概念です。

関係のニーズ（relatedness needs）

次に，「関係のニーズ（R）」とは，他人との対人関係と関連されたすべてのニーズ，たとえば，社交性・所属感・自尊心などが含まれます。アルダーファーは，この個人のニーズの充足は，社会生活の中で他人との相互交流を通して，自分の感情や考えを交換することによって満たされると主張しています。このニーズはマズローの社会的ニーズと自己尊重のニーズを合わせたニーズと類似しています。

成長のニーズ（growth needs）

最後の「成長のニーズ（G）」とは，創造的・個人的成長のため，個人的な努力と関連されたニーズを意味しています。成長のニーズはマズローの自己実現のニーズと一部の自己尊重のニーズがこの範囲に属するとアルダー

ファーは言っています。

このように，アルダーファーのERG理論は，個人ニーズの階層的構造とニーズの満足や進行の段階などの側面においては，マズローの説と類似している部分がたくさんあります。しかしながら，マズローがニーズを細かく分類した結果，それぞれの概念の定義が不明瞭であるとの批判が多かった反面，アルダーファーはマズローよりニーズを包括的にとらえているので，概念の定義において，マズローよりは説得力があると言えます。また，マズローの基本命題は，ある下位ニーズの充足を前提に，次の上位ニーズに進行するという「満足・進行アプローチ」に基づく反面，アルダーファーは，こうしたアプローチとともに，上位のニーズが満たされない場合や挫折されるとき，それより低いニーズの重要性が大きくなり，人はそれを追求するようになるとの「挫折・退行アプローチ」を取っている面から大きな相違が見られます。つまり，「生存的なニーズ」がある程度充足され，次の上位ニーズである「関係のニーズ」も満たされるよう試みたが，それが失敗すると前段階の生存のニーズの方に欲求が退行するということです。このことは「成長のニーズ」に関しても同様であり，アルダーファーはこれを「ニーズの挫折」と説明しています。もちろん，アルダーファーのERG理論も経験的検証が十分ではないとの指摘もありますが，おおよそ，ニーズに関する理論としては評価されていると言われています。

3 福祉ニーズ

以上のように，人びとが生命を維持し，社会生活を通して人格的に成長するため，基本的に充足されるべきニーズを「個人ニーズ」としてとらえて説明してきましたが，以後は「福祉ニーズ」について概観することにします。

一般的に「福祉ニーズ」とは，社会生活を営むために基本的に必要なニーズとして，これを充足させる主体が，個人や家族，または市場ではなく，一定の制度と社会資源を通してサービスの給付が行われるニーズを意味しています。したがって，このニーズは社会福祉援助や政策立案における根幹をなすものとして，三浦文夫は「人間が社会生活を営むために，欠かすことので

きない基本的要件を欠く状態」として福祉ニーズをとらえています[19]。

　この福祉ニーズは個人ニーズと比べて，次のような特徴があります。まず，社会生活を維持していくために必要であると考えられるものを充足させます。この場合，ニーズの充足において，その責任は個人や家族ではなく社会が負うということです。つまり，社会資源を用いて制度や政策という手段を通して，必要なニーズを充足させていくという側面から個人ニーズと異なります。こうした意味を持つ言葉として「社会的ニーズ」，「福祉ニーズ」，「社会福祉ニーズ」などと表現され，用いられていますが，ここではその概念について概観することにします。

1　社会生活の基本的ニーズ

　「人生は問題解決のプロセス」と言われているように，生まれてから死ぬまでの間，直面した多くの問題を解決しながら生きていきます。そうした問題の中でも，自分や家族の力で解決できるものもあれば，できない問題もあります。ある問題が個人レベルを超え，一定の地域や社会において多くの人びとに影響を及ぼしているとき，これを「社会問題」と言いますが，社会福祉の基本的機能は，自力では解決できない問題に直面している人びとに対して，社会的に対応していくことです。つまり，我々の社会生活は個人ニーズの充足だけではとらえることができません。人間の生活は，社会の仕組みや諸制度に加えて，多様な集団との関わりの中で営まれています。したがって，個人と社会との関係の中で生じるニーズが社会福祉の対象となります。

　これについて岡村重夫は，社会福祉の対象として社会生活上の困難を理解するためには，人間が持っている基本的ニーズに，社会制度との関わりで生じる条件を付け加えることが必要であると論じました。そして，「社会生活上の基本的ニーズ」という概念を用い，ニーズを「人間の基本的なニーズ」と「社会生活の基本的ニーズ」の二つに区分し，社会福祉の固有の対象領域を明らかにしました[20]。

　岡村によれば，人間の生活はマズローが言う生理的なニーズをはじめ，自己実現のニーズなどのさまざまなニーズを満たすことによって維持されていますが，それらのニーズは「人間の基本的ニーズ」であっても，「社会生活の基本的ニーズ」ではないとしています。つまり，社会生活の基本的ニーズ

表2-1 社会生活上の基本的ニーズ

社会生活の基本的要求		対応する制度の代表例
a．経済的安定	⇔	産業・経済・社会保障制度
b．職業的安定	⇔	職業安定制度，失業保険
c．医療の機会	⇔	医療・保健・衛生制度
d．家族的安定	⇔	家庭，住宅制度
e．教育の機会	⇔	学校教育，社会教育
f．社会的協同	⇔	司法，道徳，地域社会
g．文化・娯楽の機会	⇔	文化・娯楽制度

出所：上野谷加代子『新版　社会福祉原論』ミネルヴァ書房，1999年，77頁。

は社会的存在としての個人にとって必然的であると同時に，社会それ自体の存続のために，避けることができない最低必要条件を満たすものでなくてはなりません。たとえば，社会が存続するためには，基本的に社会の構成員がいることが前提となります。そして，社会活動を営むためには，その構成員が健康でなければなりません。

このように，岡村は「社会生活とは個人が社会制度との交渉関連によって，はじめて可能なものであるから」，人びとの社会生活における基本になるニーズは単なる「人間の基本的ニーズ」ではなく，社会制度との関連において把握され直したニーズでなければならないと主張しています。そして，社会福祉が対象とするニーズ，すなわち，経済的安定，職業的安定，家族的安定，保健・医療の機会，教育の機会，社会参加ないしは社会的協同，文化・娯楽の機会などの七つのニーズを，「社会生活の基本的ニーズ」と言いました[21]。表2-1は「社会生活の基本的ニーズ」と，それらに対応する主な社会制度を示したものです。

2　社会的ニーズ

「社会的ニーズ」とは，人間が持っている基本的ニーズが，個人的レベルではなく，社会的レベルで生まれることの認識から出発する。これは，基本的ニーズの中でも，社会的に関連があるニーズを意味しています。それゆえ，社会福祉領域で関心を持たれる社会的ニーズは，基本的ニーズの社会的特徴を反映しているので，その時代の文化，政治，経済，社会状況により，そのニーズも変化します。では，社会的ニーズは具体的に何を意味するものなの

でしょうか。J. ブレッドショー（J. Bradshaw）は，社会的ニーズを四つの側面から分類を行いました。これは社会的ニーズの重要性を理解するため，広い領域において引用されているので，その内容を紹介することにします。

▎規範的ニーズ（normative needs）

第1のニーズは「規範的ニーズ（normative needs）」ですが，これは専門家などが判断し，決定するニーズです。すなわち，ニーズの規範的水準が決められ，実際存在するニーズの水準と比較して，個人や集団のニーズが決められた基準に至らなかった場合，ニーズが必要な状態にあると見なされるということです。専門家の判断によって基準が定められるので，場合によっては，専門家の価値観や力量によって，判断にばらつきが生じることがあります。

▎感じているニーズ（felt needs）

第2のニーズは「感じているニーズ（felt needs）」で，これは個人や集団のニーズ（want）と同等のものであります。これは一般的に，関係している人びとに特別なサービスが必要であるかどうかを設問し，ニーズを把握します。このニーズは基本的に個人が持っている主観的な自覚に焦点を合わせるので，個人や集団のサービス利用についての知識などに左右されます。

▎表明されたニーズ（expressed needs）

第3のニーズは「表明されたニーズ（expressed needs）」で，これは前述の「感じているニーズ」が行動に移り，表明されたものであります。つまり，人びとがあるサービスの必要性を感じ，そして，そのニーズを充足させるため何らかの行動によって表現するニーズです。

▎比較的ニーズ（comparative needs）

第4のニーズは「比較的ニーズ（comparative needs）」で，これはあるサービスを受けている個人や集団を比較し，同一の状況下にある二者のうち，一方はサービスを受け，他方はサービスを受けていない場合，受けていない方にはニーズがあるとする相対的なものであります。

ブレッドショーは，このような社会的ニーズは，すべての人びとが生存，成長などのため必要とする基本的な要件を意味し，またニーズを適切に把握

するためには，上記の分類法を用いて，真のニーズをとらえていくことが有益であると論じています。社会福祉やその隣接領域では，サービス提供者側がその専門的見地から判断したニーズと，サービスの対象者が感じているニーズとの，二つの立場からニーズを分類して論理を展開していく文献が多く見られますが，ブレッドショーのニーズ分類法で言えば，前者が「規範的ニーズ」に相当し，後者は「感じているニーズ」や「表明されたニーズ」の部分に相当すると言えるでしょう。

なお，このようにサービスの提供者や対象者といった立場からニーズを分類しないでニーズ概念を論じる場合には，ここで言う「利用者が感じているニーズ」をニーズととらえない考え方もあり，対象者側が述べるものは「要望」であり，「ニーズ」ではないという研究もあります。[23]

しかし，社会福祉領域では，この「サービス利用者が感じているニーズ」の重要さを強調した文献が多く見られるようになりましたが，その背景を見ると次のようです。

以前はニーズを自覚したり表明することが困難な人びとが主な対象であった経緯もあり，専門家がとらえたニーズが真のニーズとしてとらえられてきた面がありましたが，その後，対象者の範囲が拡大したり，専門家の判断がすべてという権威的な考えが批判されるようになるなど，社会の状況が変化してきました。また，正確なアセスメントや，包括的で，ニーズに基づいたアセスメントを行って支援するためには，対象者の感じているニーズを軽視できず，専門的見地から見たニーズと対象者が感じているニーズをもとに，真のニーズを導き出していくことが求められるようになりました。

さらに，「クライエントがいるところから始まる」という基本的なソーシャルワークの原理を考えると，クライエントとそれに関係している人の感じているニーズは常に考慮されなければならないし，対象者の感じるニーズは，民主主義において重要な概念であることなどが理由として取り上げられてきました。[24]

以上のように，専門家の視点からのニーズや対象者が感じているニーズを元にニーズ把握をすることが強調されているのは，各立場から評価したニーズには，それぞれ弱点があるからです。したがって，対象者が感じているニーズにも弱点があるのは当然なので，ニーズ把握の際，こうした点を考慮に入れておくことが必要でしょう。

3 福祉ニーズ

要援護性としての福祉ニーズ

　三浦文夫は，社会福祉を政策的にとらえ，多様なニーズに共通する基本的な概念を抽出することが必要であると考え，社会的な「要援護性」にその共通性をとらえ，福祉ニーズと見なしています。つまり，三浦は心理学などで言う基本的なニーズはそのままでは福祉ニーズになりえず，そのうちに含まれる「不充足」，「要援護性」という状態が，社会的に見てその対応が必要であると認められるようになってから，初めて福祉ニーズになると論じています。また，福祉ニーズを「特定の機関や自治体によって判定された，個人が社会的な自立あるいは，生活の質を一定以上のレベルにまで到達，維持，回復させるために必要なもの」と定義しています。

　それでは福祉ニーズはどのように構成されているのでしょうか。三浦は要援護性について以下のように論じています。すなわち，福祉ニーズとは「ある種の状態が，一定の目標なり基準から見て乖離の状態にあり，そしてその状態の回復・改善等を行う必要があると社会的に認められたもの」としてとらえています。ここで「ある種の状態が，一定の目標なり基準から見て乖離の状態にある」とは具体的にどのようなことを意味しているのでしょうか。

　最近，子供の虐待や，高齢者の虐待が深刻な社会問題になっているので，この問題を取り上げて考えてみることにします。最近，施設内，または一般家庭においても，高齢者に対する虐待が年々増加傾向にあります。たとえば，家族のみならず，施設での介護従事者が高齢者を殴ったり・つねったり・押さえつけたり等の暴行を振るう身体的な虐待をはじめとして，死ね・家を出て行けなどの言葉による暴力や，家庭内での無視などによって心理的に不安を与える心理的な虐待，また高齢者に年金などの現金を渡さない経済的な虐待，そして，適切な食事が準備されない・日常の介護拒否などの世話の放置等，様々な面から高齢者は虐待を受けています。

　老人福祉法では，老人は，その心身の健康の保持及び生活の安定のために必要な措置を講じ（第1条），また，多年にわたり社会の進展に寄与してきた者として，かつ，豊富な知識と経験を有する者として敬愛される（第2条）と規定しています。しかし，高齢者が虐待を受けている状態は，敬愛さ

れ，また人間らしい幸せな生活という基準から見てかけ離れた状態であると言えるでしょう。ここに高齢者の虐待という問題に対して福祉ニーズが生まれます。

しかし，そうしたニーズに対して社会が対応していくべきであるという問題認識がない限り，それは制度化されないし，制度化されないと，実際に高齢者の虐待問題を解決することも難しくなります。その意味で「ある状態の回復・改善などを行う必要があると社会的に認められる」こともまた，福祉ニーズにあっては重要な要素となります。

以上のように福祉ニーズを語る場合，「ある種の状態が，一定の目標なり基準から見て乖離の状態にある」ということと，その「状態の回復・改善等を行う必要があると社会的に認められ」ていること，この二つの要素を持っていなくてはならないのです。

ニーズの種類

以上のように，要援護性としての福祉ニーズについて，三浦の議論を中心に見てきました。今後は，福祉ニーズの分類と関連し，性質による分類と岡村重夫が分類したものとの二つについて見ることにします。

まず，岡村は「福祉ニーズ」を以下の七つに分類しています。

(1) 経済的安定ニーズ

社会生活を維持させるためには，経済的安定というのは何よりも大切なものです。これは人びとが健やかで安定した生活を保障できるという社会保障制度の安定をはかることにもつながっています。

(2) 職業的安定ニーズ

人びとが仕事につき安定した収入を得ることは，日々の生活を安心して送るうえでなくてはならない要素であります。これに関連し，失業者のための失業保険制度の充実も大切なものであります。

(3) 家庭的安定ニーズ

家族というのは社会生活のための基本的単位であります。家庭生活が安定していると，人は精神的にも落ち着きます。その際には家庭生活を安定させるうえで基本となる住宅も，福祉ニーズにおいて見過ごすことはできないものです。

(4) 保健・医療の保障ニーズ

　保健・医療サービスが必要となったとき，それらのサービスを受けることは生活上，必要不可欠なことだと言えます。特に幼い子供や高齢者にとって保健・医療の充実は非常に大切なものです。

(5) 教育の機会のニーズ

　すべての人は，その社会で生活をするため基本的に必要とする教育を受ける権利を持っています。最近は，そうした学校教育とともに人びとの社会参加活動を促進させるため，生涯教育が重要視されているように，社会教育制度を充実させていくことも福祉サービスの一つとして重要なことです。

(6) 社会的協同のニーズ

　人間は社会的な動物であると言われているように，生きていくうえで，社会の中でさまざまな活動に参加することは重要なことです。こうした機会を保障することは，福祉ニーズにおいて必要なものです。

(7) 文化・娯楽の機会ニーズ

　人間は色々な文化活動に参加することで，心が豊かになり，楽しい人生を送ることができます。また，文化だけではなく娯楽も同様で，こうしたものを精神的にリラックスし楽しめることは，生きるうえで無視できない要素であると言えます。

　以上のような，岡村が分類した「福祉ニーズ」は，人びとが生活していくためには基本的に必要なニーズとして，その中の一つでも欠けてはならないものであると言えます。次に，福祉ニーズの理解のため，福祉ニーズを中心にその特徴について見ます。

(1) 潜在的ニーズと顕在的ニーズ

　潜在的ニーズとは，ある問題に対して社会的解決が必要であると認められているにもかかわらず，当事者がそれを自覚していない状態を言います。これに対して顕在的ニーズとは，当事者がその解決の必要性を自覚，ないしは，感じているとともに，社会的解決が求められている状態を言います。[27]

　たとえば，客観的な基準から見て，認知症のため介護が必要である一人暮らしの高齢者がいます。その高齢者は介護サービスを必要としているが，本人は今まで一人で生きてきたので，他人の世話にはなりたくないと言って，援助を拒否する場合がありますが，こうした場合を潜在的ニーズと言います。

(2) 専門的ニーズと代替的ニーズ

専門的ニーズとは，相談，療育，リハビリテーションをはじめとして，高度な専門的技術や専門職者および施設などの援助を必要とするニーズです。一方，代替的ニーズとは，家族や地域社会で充足可能な状態であるにもかかわらず，手段がなくて，社会福祉サービスへ依存せざるを得ない状態を指しています。

(3) 規範的ニーズと比較ニーズ

規範的ニーズとは，研究者や政策策定者をはじめとする専門家によって，ニーズがそこに成立するか否かの判定基準を設けられ，それと照らし合わせることで考えられるとき，これを規範的ニーズであると言います。つまり，規範的ニーズとは，何らかの価値基準や科学的判断に基づく絶対的基準によって，あるかけ離れた状態を認識することを指し，たとえば生活保護対象者を選ぶ場合，保護の基準などがこれに相当します。これに対して比較ニーズとは，他者との比較を通してニーズを判定していこうとする場合を言います。その場合，判定基準は絶対的なものではなく，他者ないし他集団との比較によって成り立つ相対的なものです。[28]

(4) 貨幣的ニーズと非貨幣的ニーズ

貨幣的ニーズとは，ニーズそのものが経済的要件に規定され，貨幣的に測定されるものであり，さらにそのニーズの充足は，主として金銭給付によって行われていることを指しています。これに対して，非貨幣的ニーズとはそのニーズを貨幣的に測ることが困難であるとともに，その充足にあたっても金銭ではなく，現物や人的サービス等により給付されるものを指します。福祉ニーズを把握するうえで重要となるのは，このうち非貨幣的ニーズの方です。戦後，日本の社会福祉を見ると，家族や親族の中で充足されてきた介護，日常生活援助，情緒安定などのニーズが今は充足できなくなり，これを社会福祉策の立場から非貨幣的ニーズとして取り上げる必要がでてきました。このように，時代の流れとともに貨幣的ニーズの充足から非貨幣的ニーズの充足へと福祉ニーズの重心が変化してきていますが，こうしたニーズの変化とその対応については次で概観します。

ニーズの変化

福祉ニーズは，その社会が置かれた社会的な状況，いわば，文化・経済・

政治・社会の状況から生じるもので，当然，社会の変化とともに，その基本的なニーズもまた，それに対応するために社会制度や政策も変容するのが，一般的傾向です。したがって，福祉ニーズの変化は，ニーズの変化に対して社会制度や施策がどのように変化してきたかを見ることによって，その傾向を把握することができます。このことと関連して，三浦文夫は第二次世界大戦における日本の社会福祉政策の変化を，大きく三つの時期に分けて説明しています。[29]

まず第1期は，戦後から高度経済成長の前までの時期で，この時期は絶対貧困の時期とも言えます。すなわち，多くの国民の生活は苦しく，政府の政策は最低生活を営み得ない貧困世代に対して衣・食・住など，生存に必要な基礎的なニーズの給付が主な内容でした。それは，経済的要件によって，規定されるニーズであり，その方法は金銭給付によって行われたので，貨幣的ニーズとも呼ばれています。

第2期は，戦後復興期が終わり，高度成長期からオイルショック以後までの時期で，高度経済成長とともに，政策環境も大きく変化した時期です。この時期は高度経済成長のひずみによって，環境問題をはじめとするさまざまな社会問題が噴出した時期でもあります。政府の政策は前記の貧困世代に加えて，高齢者や障害者など多様なニーズに対する援助が，主な政策課題でした。したがって，政府はこのように少しずつ多様化する国民のニーズに対応し，サービスの給付においても以前の基礎的ニーズから，社会的ニーズの充足のため多様な社会福祉施設の設置や拡充をし，施設を中心にサービスを実施してきました。

第3期は，オイルショック以後から福祉改革が行われた時期で，経済的には高度経済成長が終わり，社会的には高齢者の人口が増え，また，国民の生活様式や意識が変化する時期で，福祉分野においては改革が行われた時期です。この時期は高齢者をめぐる問題とともにさまざまなニーズが増大した反面，財政的に苦しい時期でもあって，政策もサービス給付において民営化や縮小が見られた時期でもあります。したがって，政府もこのような時代の変化を踏まえて，ニーズの充足において施設サービス中心の方から在宅へと少しずつ変化するようになりました。

第4期は，1980年中半期の福祉再編期から現代までの時期で，少子・高齢化が速いスピードで進み，高齢者の介護や育児などに対するニーズが急速に

増大し，そうした問題が大きな社会問題になっていた時期でもあります。一方では，情報化の進展や国民の意識，価値観の変化により，福祉ニーズにおいても複雑化・多様化・高度化した時期です。この時期は介護保険制度からも分かるように，政策の方向が，地域福祉または在宅福祉へと大きく転換した時期でもあります。すなわち，政府は国民の多様化する福祉ニーズの充足のため，貨幣的ニーズと並んで，あるいはそれに代わって非貨幣的ニーズの充足が重要な課題として取り上げられてきました。

　このように，福祉ニーズが貨幣的ニーズ（基礎的ニーズ）から非貨幣的ニーズ（社会的ニーズ）へと移行してきましたが，これは戦後の経済や社会の構造の変化によって，以前は家族や親族によって満たされてきたさまざまなニーズが充足できなくなった結果，政府には政策という立場から非貨幣的ニーズとして，貨幣的ニーズとともにその対応の必要性が出てきたと言えるでしょう。

　ところが，貨幣的ニーズと非貨幣的ニーズの区分は理念的であり，実際においてそれを明確に区別するのは容易なことではありません。さらに，福祉ニーズが貨幣的ニーズ（基礎的ニーズ）から非貨幣的ニーズ（社会的ニーズ）へと変化してきたと述べましたが，現在でも貨幣的ニーズを必要とする人びとは多数おり，また，そのニーズも依然として残っていることを看過することはできません。

注

(1) 東京福祉大学で「基礎福祉演習Ⅰ・Ⅱ」の講義のため作成し，テキストとして使用してきた学内内部の資料，5頁。
(2) ウィキペディアホームページ（http://ja.wikipedia.org/wiki/），2006年8月21日確認。
(3) 三浦文夫『増補改訂 社会福祉政策研究──福祉政策と福祉改革』全国社会福祉協議会，1995年，127頁。
(4) 遠藤和佳子「社会福祉ニーズ」松本英孝ほか編著『社会福祉原論』久美，2005年，75頁。
(5) 岡本秀明氏ホームページ（http://ja.002.upp.so-net.ne.jp/hide-oka/need2000.htm），2006年8月21日確認。
(6) 冷水豊「社会福祉ニードの概念の再検討」『地域福祉研究』5，1977年，55～73頁。
(7) 仮説は，二つ以上の概念と概念間の関係を説明する法則から構成されていますが，

⑻ 一般に検証されていない概念を仮説と言います。
⑻ 判断を言葉で表したもので，真または偽という性質を持つものを指す言葉として，真偽の対象となる文章を言います。この文章が検証されると理論になります。
⑼ Wahba, M. A. and Bidwell, L. G., "Maslow Reconsidered : A Review of Research on the Need Hierachy", *Proceedings of Academy of Management*, 1973, pp. 514-520.
⑽ Maslow, A. H., *Motivation and Personality*, New York : Harper & Row, 1954. ただし，ここでは呉世徳・呂潤換『現代行政管理論』東林社，1998年，289頁で再引用されたもの。
⑾ 北朝鮮にある山ですが，この山は山峰が1万2000峰もあり，また，景色においても朝鮮半島で一番きれいであると言われています。
⑿ これは溺れている人に，わらは実際に命を助けるためには役に立たない。でも，自分の命を守るためには必死で行動するとの人間の本能的な姿を表した韓国のことわざです。
⒀ 東京福祉大学で「基礎福祉演習Ⅰ・Ⅱ」の講義のため作成し，テキストとして使用してきた学内内部の資料，7頁。
⒁ 呉世徳・呂潤換『現代行政管理論』東林社，1998年，290～291頁。
⒂ イゾンス・ユンヨンジン『新しい行政学』大栄出版社，1997年，380～381頁。
⒃ エルダーファーのERG理論とは，マズローのニーズ5段階説を修正し，個人の基本的なニーズを3段階のニーズ，すなわち，「存在のニーズ（existence needs）」，「関係のニーズ（related needs）」，「成長のニーズ（growth needs）」に区分したもので，ERGというのは上記の三つのニーズを指しています。
⒄ Alderfer, C. P., *Existence, Relations and Growth*, New York : The Free Press, 1972, p. 29.
　　エルダーファーのERG理論はマズローのニーズ5段階説に対する修正論であるが，この理論は組織の実態を実際の現場検証を基に作成された点で評価されています。
⒅ 呉世徳・呂潤換，前掲書，292～293頁。
⒆ 三浦文夫「ソーシャルニーズ」仲村優一ほか編『現代社会福祉事典』全国社会福祉協議会，1984年，329頁。
⒇ 岡村重夫 a『社会福祉原論』全国社会福祉協議会，2001年，71～73頁。
㉑ 岡村重夫 b『社会福祉原論』全国社会福祉協議会，1985年，59～60頁。
㉒ Bradshaw, J., "The Concept of Social Need", in Gilbert, N. & Specht, H. eds., *Planning for Social Welfare*, New Jersey : Prentice Hall, Inc., 1977, pp. 18-20.
㉓ 竹内孝仁『ケアマネジメント』医歯薬出版，1996年，21～29頁。
㉔ 岡本秀明氏ホームページ（http://ja.002.upp.so-net.ne.jp/hide-oka/need2000.htm），2006年8月21日確認。
㉕ 三浦文夫『増補　社会福祉政策研究』全国社会福祉協議会，1987年，50～60頁。
㉖ 岡村重夫 a，前掲書，76～77頁。
㉗ 三友雅夫編『最新介護福祉全書　1巻』メヂカルフレンド社，1999年，49頁。
㉘ 遠藤和佳子，前掲書，78～79頁。
㉙ 三浦文夫，前掲書，127～129頁。

第3章
コミュニティと
その診断

① コミュニティとは何か

　コミュニティ（Community）という言葉は，英語のコミューン（Commune）という言葉からきています。コミューンにはもともと"共同生活"とか"共通したもの"という意味があります。そのため，コミュニティは，「地域性」だけでなく「共同性」という双方の概念を持つとされています。
　第1は，「人々の生活している行動領域」という意味で使い，「地域社会」と訳されています。第2は，「共同体」と訳されている側面で，人びとが同じ町や都市に住んだり働いたりしていなくても，共有する趣味，文化，言語，職業等に基づいて結ばれている社会単位を指します。それ以外にも，個人が「私はこのコミュニティに属している」とか「私は〇〇です」とかいうように，自分自身を定義する個人的で主観的な社会単位として使われることもあります。

1　地域社会──共通した生活や行動領域としてのコミュニティ

　私たちが生活している地域社会を考えてみましょう。第1に思い浮かぶのが，都道府県・市町村といった行政で定めた地域です。まず「県」という大きな地域社会があります。「県」の中には「郡」や「市」という多くの行政地区が存在します。「市」は「区」に分かれていたり，「町」という行政単位を見つけることもできます。またある地域では，その町の中に，小さいが確固たる性格を持つ「近隣社会」（Neighborhood，ネイバーフッド）が存在することもあります。たとえば，東京都のある区では，「山の手」と「下町」と呼ばれる二つの異なった性格の「近隣社会」があり，そこに住む人びとは，それぞれ言葉づかいも，日常生活の送り方も，気質も違っていると言います。このように地域社会は決して単一な構造ではなく，コミュニティの中にコミュニティがあるという複雑な形態を擁しています。

2 共同体──共通した特色によって結びついているコミュニティ

　日本は，海外の人びとからは単一民族の社会と見られていますが，昔はアイヌ民族や琉球民族が，大和民族と共住していました。近年では，日本に定住する外国生まれの人びとも増えてきています。多民族社会では，前述した地域社会としてのコミュニティにかかわらず，「私たちはブラジル人です」とか，「私たちは白人です」等，共通の国籍や人種に基づくコミュニティ意識が存在します。政治的，あるいは文化的に深いつながりを持つ在日韓国人や在日朝鮮人は，いくつもの相互援助等の組織を通じて，共同体としてのコミュニティの意識を高めています。

　共通した特色によって結びついているコミュニティの一つに宗教団体があります。日本では宗教の自由が認められ，仏教徒もキリスト教徒も平和の内に共住しています。しかし，広く世界を見ると，ユダヤ教徒とイスラム教徒の争いの続くイスラエルや，キリスト教徒とイスラム教徒の紛争の続いたコソボの例があります。このように宗教によって強く結ばれているコミュニティの存在を見過ごしてはなりません。

　共通の職業に基づくコミュニティも数多く存在します。たとえば，社会福祉士会のように，福祉に携わるソーシャルワーカーの相互の連携と技術の向上を目指している共同体もあります。共有する趣味や興味で結束しているコミュニティの例として，障害者のパラリンピックの選手たちの共同体も挙げられます。このコミュニティには，選手たちを支援する障害を持たない指導者，家族，ボランティア等も含まれています。

　このように地域社会としてのコミュニティを越えて，共同体としてのコミュニティを考えると，私たちが人間として生活していくうえで，いくつかのコミュニティに属していることが分かります。この共同体としてのコミュニティは，地域社会の診断の後に，ソーシャルワークの対象となる人びとを定義していくうえで，大変重要な意味を持つ概念となります。

3 個人的（personal）で主観的なコミュニティ

　人間は，乳幼児期，学童期，青少年期を通じて成長していく段階で，20代

頃になると自分の両親や他の大切な大人たち，自分と同年代の友人たちの目に映った「自分」の像に，さまざまな経験を加えて「自己」という概念を築き上げていきます。ある人が，「私は，○○です」と自分を表現するとき，この○○に入れる言葉によって，その人の自己像（Identity，アイデンティティ）[1]が推察できます。

たとえば，「あなたはどういう方ですか？」と問われて，「私は新聞記者です」と答えた人は，新聞記者としての職業が，どんな場所で働いていても，倫理観，責任感を持ち，良い記事を書く技術に歓びとプライドを感じる職業となっている人でしょう。この人にとっては，新聞記者としての自分が自己像（アイデンティティ）であり，自己の核心を占めています。一方，他の新聞記者に同じ質問をすると，「私は浜っ子です」と答えるかもしれません。その人にとっては，記者であるということよりも浜っ子（横浜生まれ）であることが自己像になっているからです。昔から外国人と接する機会が多い港町に生まれて，外国を身近に感じながら成長したため，外事部記者として世界中を駆け回る自分を作り出した土地である横浜に，個人的（パーソナル）な帰属意識を感じているからでしょう。この「記者」としての自分，または「浜っ子」としての帰属意識が，ここで言う個人的で主観的なコミュニティです。

この個人的で主観的なコミュニティは，今後より専門的に社会福祉援助技術を学ぶ過程で，ソーシャルワークやカウンセリングの対象者を理解するうえでの欠かせない概念となります。

② コミュニティの診断方法

ソーシャルワーカーが，地域社会や特定の共同体にどのような福祉サービスを提供したらよいのかを企画するときに，第一に行うことは，そのコミュニティの特性を把握するためのさまざまな情報を集め分析することです。これをコミュニティの診断といいます。この診断は，コミュニティにどのような福祉ニーズが存在するかを探し出す第一歩となります。

1 地域社会の診断

　ある地域社会に，どのような問題があるか，どのような福祉サービスが必要かという「問題発見」は，その地域で最近起こった事件や，テレビのニュースや新聞記事等からヒントを得ることもありますが，ここでは，それを探し出すことから始めたいと思います。
　最初に，福祉サービスの実践をどの地域社会で行うかを考えて，焦点を当てた地域を限定しましょう。たとえば，群馬県全体とか埼玉県本庄市等と，行政区域から一地域を選び出します。次に，その地域の実態をとらえるために，次の観点から，その地域についての情報を集めましょう。

人口動態

　まず地域社会全体の動向を把握します。皆さんが選んだ地域の，①人口の全体数，②性別，年齢別，などの人口のデータ，③過去のデータと比較した人口構成の年次推移などのデータ，④市町村内をいくつかの行政区域に分けた小地域別の人口動態のデータを集めます（情報収集の方法は後述）。
　たとえば人口が増加傾向にあれば，それは産業基盤の変化によるものなのか，住宅地域としての変化に原因するものなのか，増加する人びとはどのような世帯，年齢層なのかを把握します。また減少傾向にあれば，その原因はどこにあるのかを把握しておく必要があります。そうすれば，ある程度その地域の福祉ニーズの将来予測をすることが可能になります。
　人口動態を把握することで，その地域が人口増加型地域か人口安定型地域か，あるいは人口減少型地域かを知ることができます（表3-1）。人口動態からみた地域社会類型をすれば，それぞれの状況により問題の発生の仕方や地域福祉活動としての対処の仕方が異なってくることがわかります。

複合型社会としてのコミュニティ診断

　地域社会をよく知るためには，その地域が歴史的にどのような変貌を遂げてきたのか，また今後どのように発展するか，考えてみる必要があります。市町村の中をいくつかの性格の異なる地域に分けて情報を収集して分析してみましょう。

表 3-1　人口動態による地域類型

人口増加型地域	①産業都市型（新しい商業や産業，学園等による増加） ②ベッドタウン型（新興住宅地域の造成による増加） ・高層住宅・マンション，分譲型住宅地域 ・一戸建て住宅，分譲型住宅地域
人口安定型地域	①地方都市型（旧城下町，地場産業都市，その他） ②農村漁村型（農漁業が安定経営）
人口減少型地域	①大都市中心地域（転出過多，空洞化） ②地方都市型（商工業衰退，転出多い） ③農村漁村型，離島（産業衰退，人口減少）

出所：福祉士養成講座編集委員会編『社会福祉援助技術論Ⅱ』中央法規出版，2006年，113頁。

　わが国は，第二次世界大戦の終わった1945年頃には，まだ農業，畜産業，林業，漁業等を本業とする自営業者が就業者の約半数を占めていました。全国の市町村は，大都市型と地方都市型の地域，それに多くの農村型・漁村型の地域社会から成り立っていました。当時，大都市は少なく，田畑や山林で囲まれた地域が多く，その中心に役場があり，商店街がその周囲に集まり，それを取り囲んで住宅地があるといった集落が数多く見られました。

　ところが，戦後約半世紀を経て，産業と商業構造が基本的に変化しました。農業の割合が小さくなり，先端技術やサービス産業中心の社会となり，地域社会全体が都市化しました。その結果，工業地域や新興住宅地域が形成され，商業圏が車社会を反映して幹線道路沿いに新たに展開するという形で地域社会が変化してきました。今では，地方都市型や農村型，漁村型の小さな地域社会が次々に合併して大都市化に向かって姿を変えています。

　たとえば，埼玉県の大宮，浦和，与野という三つの大きな「市」が合併して「さいたま市」となりましたが，これは大都市化の一つの表れです。このような大都市は複合型地域と呼ばれ（図3-1），いくつもの商業地区や住宅地区があり，行政地区は分散し，数多くの工業地区や農業地区も並存しています。このような大都市の周辺には，ベッドタウンと呼ばれる新興住宅地区があり，人びとは住宅やレクリエーションをベッドタウンに，経済的には大都市に依存しています。群馬県の地方都市である伊勢崎市も，幹線道路の発達に伴って自家用車の使用が増加し，住宅も市の中心から郊外に移り，今，JR伊勢崎駅近くの商店街が店を閉ざし，新しい商業地区が市の周辺にいくつか開けてきています。首都圏に出るためには，群馬県を横断するJRの両

図3-1　複合型地域

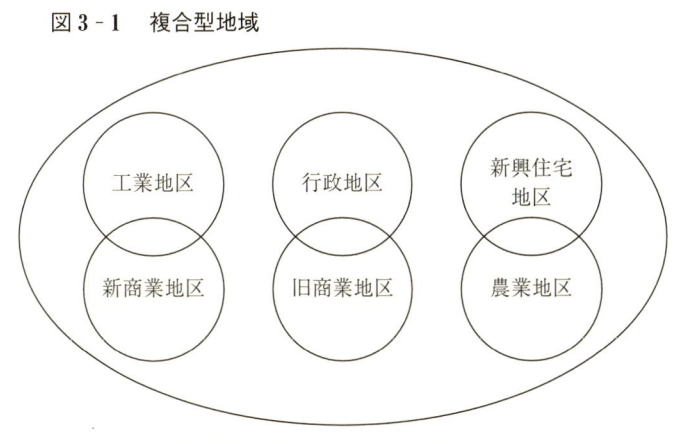

```
          工業地区      行政地区    新興住宅
                                  地区
          新商業地区   旧商業地区   農業地区
```

出所：福祉士養成講座編集委員会編『社会福祉援助技術論Ⅱ』中央法規出版，2006年，114頁を参考に筆者が作成。

毛線を利用するよりも，バスで埼玉県のJR本庄駅に出る人が多くなりました。今では，本庄市内に新幹線駅が完成し，伊勢崎市民の本庄市に対する交通依存は，ますます高まっています。

地域の診断を行うにあたって，このような地域社会の複雑な構造や性格，複数のコミュニティ間の相互依存の関係等にも着目することが大切です。たとえば，行政地区・旧商業地区や農業地区であれば，比較的高齢者人口が多く，自治会がコミュニティとしての組織力を維持しており，伝統的な行動様式が支配している地域であることが多いのです。また，新興住宅地域であれば，サラリーマン階層が多く，活発な市民活動が展開されるが，反対になかなか自治会のなり手も確保できないといった特有の地域問題を抱えていることが多く見られます。

地域の歴史や文化によるコミュニティ診断

地域社会がどのような自然環境や産業と就業構造，経済条件で成り立ってきたか，その歴史的な変遷をたどってみましょう。

第1に，自然環境が暮らしにどのような影響をもっているか調べてみましょう。たとえば，雪国で冬期間は雪下ろしが必須だとすれば，それだけでも高齢者の一人暮らしは困難をかかえることになります。

第2に，産業と就業構造がどのような内容であるか，経済的な基盤がどのように形成されているかを調べましょう。

表 3-2　地域社会の診断マニュアル

地域社会の性格	人口：全体数，性別，年齢別，国籍別など 動態：過去のデータと比較して性別，年齢層，他国籍人の増減など 地区による人口密度の増減：これにより，人口密集地区，過疎地区，空洞化現象等が明確になる。
地域社会の場所としての理解	何処に存在し，面積はどのくらいか，隣接している他地区との相互依存関係を調べる。 山，河，海，盆地，気象等の自然環境を調べる。自然環境によってその地域に住む人びとのニーズが左右されるので，自然環境と人びとの生活の関係を調べる。
地域社会の政治・行政	県や市の行政に携わっている人びとの名前や政党を知り，その誰が福祉政策を進めているか等を調べる。選挙の公約，自治体の広報やパンフレット，インターネットなどを参考にする。
地域社会の経済状態	就業率・失業率について現在と過去のデータを集める。経済の基盤がどのように成り立っているか，商業か工業か，またはサービス業か，経済的に上昇または下降をたどっているか，安定しているか，などを調べる。できればその原因を分析する。
地域社会の特徴	お国柄という言葉があるが，どのようなことがその地域の特徴となっているのか。歴史や名所などを調べるのも良い資料となる。この特徴をよく把握することによって次のアンケートや面接などのニーズ探索の段階で，また，福祉サービスを提供して協力を受ける段階で実践がしやすくなる。

出所：筆者作成。

　第3に，政治的な成り立ち，具体的には政党の支持基盤や選挙の際の住民の行動内容は，地域社会の個性を表す重要なバロメーターです。

　第4に，地域の文化的な伝統がどのくらい住民の暮らしの中に生きていて，行動を規定しているかを調べましょう。一つのバロメーターは，冠婚葬祭の習慣です。結婚式の習慣，葬儀のときの近隣との付き合い方，子どもの成育の儀式，神社の祭りや御輿，歌や神楽，踊りなどの伝統芸能の保存状態によって，その地域の住民のコミュニティ意識はかなり明瞭に推察できます。

　第5に，以上を総合して，地域社会の特徴を考えてみましょう。一つの市町村，あるいはその中の地区は，それぞれ複雑で多様な地域の特徴を持っています。それは，それぞれの地域社会が時代とともに早く変化していく要素と，何十年，何百年というスピードでしか変化していかない要素とが，幾重にも積み重なっているからと理解できます。

　これら特徴をよく把握することによって，次のアンケートや面接などに

よってニーズを探し出す段階で協力を得たり，また福祉サービスを提供する段階での実践がしやすくなります。

演習課題
興味ある地域ごとにグループを作り，焦点を当てる行政地域を限定しましょう。各グループは，手分けをして，次週までにできるだけ多くの「地域社会の診断」に必要な既存のデータを集めましょう。2年生は，どこに行けばどのようなデータが集まるか，1年生にその方法を指導し，1年生は主に情報収集にあたってください。発表は，共同で行います。

共同体の診断

地域社会のデータを集めることによって，その地域の像が浮かび上がってきたことと思います。これに加えて，地域に存在する共同体としてのコミュニティを調べてみましょう。前述したように，共同体としてのコミュニティは，共通した特色を持って結ばれています。共同体は，その地域内にのみ存在するものもあるし，地域社会の枠とはまったく関係なく，他の地域や日本全体，または世界の他の国々に関わっているものもあります。また，非常に組織化された共同体もあれば，ただその特色によって他の人からは区別されても，自分ではその共同体に属していると意識していない連帯感の弱い共同体もあります。

たとえば，ロータリークラブ(2)やライオンズクラブ(3)等といった国際奉仕団体は，組織化が進んだ共同体の例です。一つの市にいくつかのクラブが存在するが，そのクラブが県レベルの大きな地区に所属し，またその地区がそれぞれの国のレベルで団結し，それが連合して国際ロータリーや国際ライオンズなどとなって，国際的な奉仕活動に参加する仕組みになっています。連帯感が弱い共同体の例は，大学などの教授陣の中に見ることができます。大学の教授陣の中には，カナダやアメリカの国籍を持つ人びとがいます。本人たちは自分を日本人とみなし，日本人として生活していても，公的な統計のうえでは，その国籍から，「外国人」というコミュニティに属していることになります。

焦点を当てる地域社会をもっとよく知るために，限定した地域を平面として，その上に共同体としてのコミュニティを重ねる図を頭に描くと分かりや

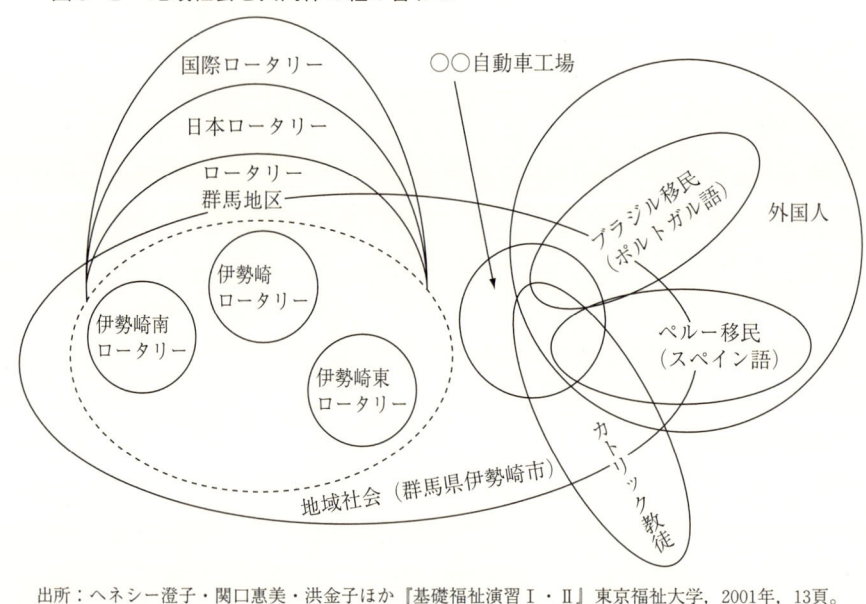

図3-2 地域社会と共同体の組み合わせ

（図：国際ロータリー、日本ロータリー、ロータリー群馬地区、伊勢崎ロータリー、伊勢崎南ロータリー、伊勢崎東ロータリー、地域社会（群馬県伊勢崎市）、〇〇自動車工場、ブラジル移民（ポルトガル語）、ペルー移民（スペイン語）、外国人、カトリック教徒）

出所：ヘネシー澄子・関口惠美・洪金子ほか『基礎福祉演習Ⅰ・Ⅱ』東京福祉大学，2001年，13頁。

すくなります。焦点を当てた共同体によって地域社会と共同体の組み合わせが色々と変化していき，興味深いものがあります。

　たとえば，図3-2のように，伊勢崎市には，2004年の調査によれば，3000人弱のブラジル移民と2000人弱のペルー移民がいると言われています。同じ南アメリカからの移民なので，文化的にも近く，仲良く一つの共同体（コミュニティ）を作っていると思われますが，実際には，ブラジル移民はポルトガル語，ペルー移民はスペイン語という言語の違いから，共同体は明確に区分されていると言います。しかし，人びとの多くはカトリック教徒であるので，教会を中心に連帯感を持つコミュニティを作っている人びともいれば，自分の働いている工場を中心として，コミュニティ意識を強めている人びともいると言います。このように共同体としてのコミュニティは，変化に富み複雑な様相を帯びています。

　コミュニティの診断の段階で，限定した地域にどのような共同体が存在し，活動しているかを知ることは，その後のアセスメントや実践計画の立案に役立ちます（表3-3）。たとえば，ニーズを発見するときに，福祉サービスの対象者（個人やグループ）を共同体の中に見つけたり，必要なデータや大切な情報を共同体が提供してくれたりするからです。さらにサービスを実践す

表3-3 共同体のいろいろ

町内会・自治会	老人クラブ，子ども会育成会，婦人会，若妻会，福祉活動委員会など
ボランティア関係の団体・組織	ボランティア連絡会，NPO，消費生活協同組合，農業協同組合，ロータリークラブ，ライオンズクラブ，日本青年会議所(JA)，商工会議所，商工会など
高齢者の集団・組織	老人クラブ，カルチャーセンターなどの趣味サークル，登山や歩け歩けサークル，退職者組織，一人暮らし老人の会，寝たきり老人の介護者の会，認知症老人の家族の会など
児童関係の団体・組織	PTA，子ども会育成会，ボーイスカウト，ガールスカウト，スポーツクラブ，子ども図書館，読み聞かせ文庫，母子家庭の会，里親家庭の会，子育て支援，保育支援の市民組織など
障害児（者）の団体・組織	肢体不自由児の親の会，知的障害児（者）の親の会，重症心身障害児（者）の親の会，精神障害者家族会，アルコール依存者の会など

出所：筆者作成。

表3-4 共同体の診断マニュアル

会員の組織率	会員数，性別・年齢構成，年次別の推移などを調べる。加入対象人員に対する会員割合（加入率）を出して，一定の減少傾向にあればなぜなのか原因を分析する。新たな別組織が生まれていたら旧組織と比較検討する。
参加率・動員力	日常活動への会員の出席状況，行事などへの参加者数，参加者の階層動向，年次推移などを調べる。
活動内容	月間，年間計画，プログラムなどを調べる。会を紹介するパンフレットなどを取り寄せてもよい。できるだけ幅広い会員・非会員，関係者から聴き取りなどをして客観的な情報を把握することも大切である。
運営	①役員選出の民主的なルールがあるか，②定期的な会合が持たれているか，③会合で会員の自由な発言があるか，④会長などトップリーダーの指導力はあるか，⑤トップリーダーが組織の将来について明確なビジョンを持っているか，などを調べる。

出所：筆者作成。

る段階では，人的，財政的資源を提供してもらうこともできます。

　共同体としてのコミュニティを診断する際に，まず入手した地域社会のデータをもう一度調べてみましょう（表3-4）。その地域の人口を年齢，性別，職業別，国籍別だけでなく，各種のスポーツ別にも分析できるかもしれません。そういう地域社会のデータを基礎として，できるだけ多くの共同体

のリストを作ってみましょう。たとえば，年齢別のデータならば，0歳から19歳の間に子どもたちが属すると考えられる組織を挙げると，ガールスカウトやボーイスカウト等があります。また，塾通いの子どもたちも一つのコミュニティに属していると言えます。

次に，その共同体に属している人口を調べてみましょう。その人口については，各種団体の事務所からデータをもらうことができる場合もあるし，その実態がつかめず人口を把握することが難しい場合もあります。いずれにしても，特定した地域をもっと深く，そしてさまざまな観点から見直す必要があります。また，そのコミュニティが地域社会の枠を越えて他の地域に広がっている場合は，その活動範囲を知らなければなりません。さらに，そのコミュニティの連帯意識が強いか弱いかも，調査の対象となります。このような段階を追って，いくつかの共同体としてのコミュニティに焦点を当てたとき，未知のことが多くあるのに気づかされるでしょう。

情報収集の方法

必要な情報はどのように入手すればよいのでしょうか。まず，各自治体の基本的なデータを活用してみましょう。市役所の市民課を訪ねて，カウンターに置いてあるパンフレットを集めてみましょう。インターネットで，自治体が公開している基礎情報を入手しましょう。公開されているもの以外にも，その地域の状況を知るためのサイトは，さまざまあることでしょう。

このように，インターネットで多くの情報が入手できる時代ですが，一方で，直接その土地に行き，市役所や公民館，図書館などに出向いて調べる，商店街を歩いてみる，バスや電車に乗ってみるというプロセスも，大変重要な意味を持ってきます。

既存データ収集の知識と方法を学んでおくことと，フットワークよく出向き，当事者から話を聞く姿勢を身に付けておくこと，このどちらも，コミュニティを基盤に，人びとの生活と暮らしに注目するソーシャルワーカーにとって必要なことなのです。

演習課題

グループで話し合い，焦点を当てた共同体のデータを集めましょう。この段階では，公表されている又は各種団体が提供してくれるデータだけで

第3章　コミュニティとその診断

よい。集まったデータをグループレポートにまとめましょう。

注

(1) Identity は自己認識，自己存在証明等と訳されているが適訳はない。
(2) ロータリークラブ〔Rotary Club〕。社会奉仕を行動の指針とする国際的社交団体。1905年アメリカに起こり，1912年国際組織となった。各成員が輪番に会場を受け持ったところからこの名がつけられた。日本では1920年に東京にできたのが初め。
(3) ライオンズクラブ〔Lions Club〕。国際的な民間社会奉仕団体。1917年，有力実業家などをメンバーにアメリカのシカゴで発足。日本では1952年に支部ができた。ライオンズの名は liberty, intelligence, our, nation's safety の頭文字による。奉仕活動を通じての，世界の人びととの相互理解と，地域社会の生活，文化，福祉，公徳心の向上を目的とする。

参考文献

永田幹夫『地域福祉論』全国社会福祉協議会，1988年。
鈴木五郎『地域福祉の展開と方法——地域福祉活動実践の手びき』筒井書房，1981年。
新・社会福祉学習双書編集委員会編『社会福祉援助技術各論Ⅱ』全国社会福祉協議会，1998年。
松永俊文・野上文夫・渡辺武男編著『現代コミュニティワーク論——地域福祉の新展開と保健医療福祉』中央法規出版，1997年。
福祉士養成講座編集委員会編『社会福祉援助技術論Ⅱ』中央法規出版，2006年。
筒井のり子『コミュニティソーシャルワーク』〈ワークブック社会福祉援助技術演習5〉ミネルヴァ書房，2004年。
磯村英一『人間にとって都市とは何か』日本放送出版協会，1968年。

第4章
地域社会のニーズ探索

本章では，ソーシャルワーカー(1)が生活上の問題がある地域社会の住民のニーズ探索(2)を行う際に必要である，①ソーシャルワーカーの地域社会のニーズ探索のアプローチ，②ニーズ探索の段階，③ニーズ探索に必要な情報提供者に対する現地調査の実施，について説明します。

1 ソーシャルワーカーの地域社会のニーズ探索アプローチ

　社会福祉援助実践に携わるソーシャルワーカーが行うニーズ探索とは，地域社会において，①ニーズがどの程度満たされていないか，②ニーズを満たすためには何が必要であるか，③ニーズを満たすのに何が問題になっているか，④ニーズが満たされている人びとと，満たされていない人びととの格差はどの程度大きいか，⑤その格差を縮小するためにどのようなサービスが必要であるか，に焦点を置きながら問題解決を目指すことです。

1　地域社会とソーシャルワーカーの関係

　地域社会において，地域住民のニーズが十分に満たされており，それぞれの社会成員がお互いに自己と他者を尊重する社会であれば，ソーシャルワーカーの必要性はなくなるでしょう。しかし，地域社会には，必ずニーズが満たされている地域住民とニーズが満たされていない地域住民が共存しています。福祉制度は，健康で文化的な生活水準を維持することができるように，すべての国民のニーズに対応するものでなければならないのですが，福祉制度自体は，利用者を保護したり，サービスを提供したり，援助したりする力を持っていません。自己責任に基づいてニーズを解決するようにすると，ニーズの格差が大きくなり，犯罪，暴力などが社会に氾濫し，地域住民が安定した生活をすることができず，社会が困難に陥ることもあります。
　そこには，専門的な知識や技術を持った「専門家」であるソーシャルワーカーの介入が必要です。その専門的介入により福祉制度が機能します。すなわち，ソーシャルワーカーは，地域住民の共通する福祉ニーズに効果的に対応する制度を個人化することにより，地域住民のニーズを満たすことが可能

です。そのためには，ニーズを生じさせている要因は何かを明確にしなければなりません。そのためには，社会調査が必要なのです。すなわち，Evidence—Based—Practice（EBP：証拠に基づく実践）がソーシャルワーカーに求められています。

2　ソーシャルワーカーの役割

　地域住民が公的資源や他のシステムから必要な資源，すなわち，サービスを適切に利用することが困難な要因として，①個人と他のシステムとの葛藤的な関係，②他のシステムから適切な資源を引き出すための個人の意欲や能力の不十分さ，③地域社会における利用可能な資源の不足，④他システムから利用可能な資源の提供拒否，⑤資源提供可能な他システムについての認識の不十分さ，などがあります。[3]

　ソーシャルワーカーは，それらの要因を社会的に望ましい方向へ変化させていくこと，またはその変化を促進するために，ニーズ探索をする必要があります。そのためには，ソーシャルワーカーが専門家として果たす役割が重要です。ソーシャルワーカーの役割について，M, ロス（M. Ross）は，①共同社会が自分の目標を設定し，到達手段を見出すよう支援するガイドの役割，②展開過程を円滑にする enabler（力をそえる人）としての役割，③情報の提供や助言を与える技術専門家としての役割，④共同社会全体を対象とする診断と治療を行う社会治療者としての役割を挙げている。[4] 副田あけみは，ソーシャルワーク実践の目標を達成するためにソーシャルワーカーとしてなすべき一定の行動様式であると定義しています。[5] 以上のように，ソーシャルワーカーがなすべき役割について，必ずしも一致した内容があるわけではないですが，次のように定義することができます。すなわち，①ニーズがある援助対象者を効果的に支援するために，政策展開過程に影響を与えるマクロレベルの役割，②地域社会の中で，ニーズがある援助対象者を個別的に生活支援する過程で行うミクロレベルの役割です。本章では，ソーシャルワーカーの基礎的な支援技術を学習することが目的なので，ソーシャルワーカーのミクロレベルの地域社会のニーズ探索について説明します。

3 問題把握と問題解決へのアプローチ

ソーシャル・ワーカーは，地域住民のニーズ発見と問題解決が重要であり，そのためには，多様なアプローチがありますが，以下では，ジェネラリスト（generalist）・アプローチとエンパワメント・アプローチを紹介します。

まず，ジェネラリスト・アプローチとは，人と環境の相互作用を多角的・包括的に分析し，利用者の参加と協働により問題解決を目指すアプローチです。すなわち，ソーシャルワークは，利用者のニーズを多様な視点から把握し，アプローチすることが重要であり，ジェネラル・ソーシャルワークの特性を引き出す前提となる概念枠組みは，①人間生活のトータルな視野，②利用者主体の行動概念の展開，③人と環境への生態学的視点，④価値・知識・方策・方法の実践システムとしての構造化，⑤科学的・専門的知見の摂取と協働の姿勢，⑥問題認識と解決過程の展開方法，⑦方法レパートリーの統合的推進，⑧ミクロ・マクロのフィードバック実践の8つから構成されます[6]。特に，ミクロ・マクロのフィードバック実践では，ミクロな個人問題を制度・政策へ提言するマクロレベルまで活動の視点を広げ，すべての利用者を支援することを目指します。ジェネラル・ソーシャルワークの理論と実践を結ぶ展開方法としてエコシステム視座があります。これは，利用者の目の前でコンピュータを用いて支援を科学化する試みであり，利用者のおかれている生活の状況の理解を促進することが可能です。

次に，エンパワメントとは，社会的に不利な立場にある利用者が，自らの力を高め，主体的に環境を改善することを意味します。エンパワメント・アプローチは，1960年代アメリカの公民権運動と，ソロモンの「黒人のエンパワメント」（1976年）により広く用いられるようになりました。ソーシャルワーカーは，クライアントが持っている「潜在的能力」と「能力の強さ」に着目し，その中からストレングス（強み）を発見し，それを最大限に生かしながら問題解決に向けて自己決定していく過程でクライアントを支援します。クライアント本人が①目標設定，②主導権と決定権の行使，③問題解決の主導者となり，④問題解決過程に参加と責任を持ち，⑤ソーシャルワーカーと対等な協働者であることが大事です。しかし，実際には，クライアントと援助者の関係は，不均等な関係が内在する可能性が高く，パートナーシップ維

持が困難であると捉える傾向もあります。

② ニーズ探索の段階

　社会福祉におけるニーズ探索の目的は，地域住民のニーズの理由や原因などを把握し，ソーシャルワーカーの介入により提供される支援が，個人，家族，地域住民の福祉を向上させ，日常生活が自立できるようにサービスを支援することです。第3章において，限定した地域社会の全体像を把握することができたら，地域住民のニーズを満たすために社会福祉サービスを企画する必要があります。そのために，ニーズ探索は，次のように3段階で行います。

1　福祉サービスの要望に関する先行調査

　ソーシャルワーカーとは，社会福祉実践（ソーシャルワーク）に関する専門価値，専門機能，専門知識，専門技術を身に付けた専門家（プロフェッショナル）です[7]。ソーシャルワーカーは，地域住民のニーズが増加したり，または，減少したり，あるいは新たなサービスの要求がある場合，ニーズ探索を行うことが必要です。

　ソーシャルワーカーは，地域住民がサービスの必要性を訴えた場合，直ちにその対象者に調査を着手するより，現在の機関で過去に同じ事例があったかどうかを調べ，類似した事例があった場合はそこから知恵を得ることも可能です。類似した事例がなかった場合は，他の機関，または，他の地域で類似した事例があったかどうかを調べます。類似した事例があった場合，どのように対処したかを調べ，他の機関の協力も得ながら本格的なニーズ探索を行います。たとえば，高齢者虐待について，市区町村，福祉事務所，在宅介護支援センター，保健センターなどに従事している保健師，介護支援専門員，ホームヘルパー，民生委員などによる通報があるとき，ニーズ探索の第1段階として[8]，ソーシャルワーカーが所属している機関の過去の記録を調べたり，または，同じ地域社会の他の福祉機関の過去の記録を調べる必要があります。地域住民の福祉ニーズは時代の変化とともに複雑，多様化してきており，解

決しなければならない問題が多いです。地域住民の福祉ニーズを解決するためには，社会福祉機関，施設その他の地域の関連機関と連携することが重要です。社会福祉供給主体が組織的に連帯し，相互支援体制を作り，重層化することによって支援対象者のニーズを満たすことが可能です。

2 福祉サービスの対象人口の設定

　福祉サービスの要望に関する先行調査を行った後，特定の福祉サービスを必要とする人口に関する調査をする必要があります。

　以下では，次の図4－1に基づいて説明します。

　その第1段階として，地域社会の全体人口（Total population）について調べる必要があります。その際には，隣接した地域住民と比較したほうがよいと思われます。それにより，地域住民の人口が多いか少ないかなど地域の特徴を把握することができます。たとえば，地域社会が群馬県伊勢崎市であれば，伊勢崎市の全体人口を調べます。次の段階として，隣接する高崎市民は何人いるか調べます。

　第2段階として，特定のサービスを潜在的に必要とする人口（Population at-risk；危険度のある人口）が，どの程度存在しているか調べる必要性があります。たとえば，高齢者の介護サービスに関する調査であれば，それぞれの地域社会に介護保険制度の第1号被保険者である65歳以上の高齢者が何人いるかを調べ，その人口が全体人口の何％を占めているかを明らかにします。その際，第1号被保険者である65歳以上の人口が，他の市区町村に比べ高い水準であるかどうかを確認する必要があります。それにより，地域社会のニーズを潜在的に必要とする人口を把握することができ，他の市区町村の事例を参考にしながら今後の対応が可能です。

　第3段階として，サービスを必要とする人口がどの程度存在しているか調べます（Population in need）。たとえば，高齢者のサービスに関する調査である場合，市区町村の役所に行って，要介護度認定を申請している第1号被保険者である高齢者がどの程度存在しているかを調べます。その際には，サービスを必要とする高齢者，すなわち，要介護度認定を申請した高齢者が全体高齢者に占める割合について計算する必要があります。サービスを必要とする高齢者についても，他の市区町村と比較し，その割合が高いか，または低

図4-1　ニーズ探索の対象人口

```
        Population
          served
      Population in need
     Population at-risk
        Total population
```

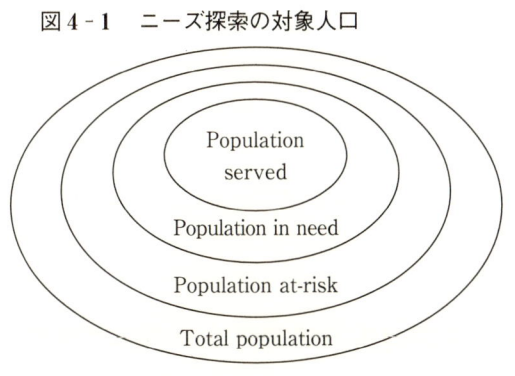

注：Total population…全体人口, Population at-risk…サービスを潜在的に必要とする人口, Population in need…サービスを実際に必要とする人口, Population served…サービスを受けている人口
出所：東京福祉大学社会福祉学部「社会福祉サービスの対象となるニーズ探索」『基礎福祉演習Ⅰ・Ⅱ』2000年，17頁。

いか等を明らかにします。

　第4段階として，サービスを受けている人口がどの程度存在しているか調べます（Population served）。その場合，サービスを必要とする地域住民の中で，サービスを受けている者が何割を占めているかを把握する必要があります。高齢者の介護サービスに関する調査であれば，介護サービスを受けている高齢者が何人いるかを調べます。その際，介護サービスを申請した高齢者の中で介護サービスを受けている者が何割いるかを把握します。介護保険制度では，高齢者が要介護認定を申請しても要介護度認定に当てはまらない場合，要介護度認定の非該当者になります。それらがサービス提供から除外された者であり，ソーシャルワーカーはそれらの高齢者のニーズを満たすためにはどうすればいいか，議論等を踏まえて検討する必要があります。要介護度認定の該当者になったとしても，要介護高齢者が希望どおりのサービスを選択し受けることは困難な場合もあります。介護サービスの事業所が少ない地域では，サービス事業者がサービス利用者に適したサービス内容がないと判断しても，他のサービス事業所を選択する余地がありません。また，介護保険制度では応益負担であり[9]，サービスを利用する際，1割自己負担になるので，サービスを多く利用すればするほどサービス利用料が高くなります。経済的に余裕がない高齢者は，必要なサービスのみを選択しなければなりません。ソーシャルワーカーは，サービスを必要とする地域住民の何割がサー

ビスを利用しているか，サービスを利用している人びととサービスを利用できない人びととのギャップはどの程度あるかを把握する必要があります。それとともに，サービスを利用している地域住民の中でニーズが解決されている者と解決されていない者とのギャップはどの程度あるかを把握します。ソーシャルワーカーのニーズ探索は，それらのギャップをどのように埋めるかに焦点を当てます。

3　福祉サービスの対象人口のデータ収集と分析

　以上のように，地域住民の社会問題は，高齢者の介護問題，貧困問題，社会的弱者に対するいじめ問題，子どもの虐待や放置問題，育児疲れの母親問題，小学生の暴力など多様です。グループごとに興味ある社会問題を選定し，市区町村の役所などを訪問し，地域住民とそれらの対象者のデータを収集します。次に，それらのデータを見ながら，グループごとに担当した地域社会が，他の地域社会に比べてどのような特徴を持っているか，どのような問題を抱えているかを議論する必要があります。

　たとえば，子どもの虐待や放置に関心がある場合は，次の手順に基づきデータを収集し，レポートを作成します。

　第1に，グループが選定した地域社会に居住している全体人口（total population）を調べます。その際には，近隣地域の全体人口について調べ比較してもよいと思います。

　第2に，サービスを潜在的に必要とする0歳から11歳までの人口（population at-risk）が何人いるか，その人口が地域社会の全体人口の何割を占めているかを計算します。0歳から11歳までの人口データを収集することが困難である場合，0歳から14歳（年少人口）のデータを用いてもよいでしょう。その式は次のとおりです。

$$\frac{\text{サービスを潜在的に必要とする人口 (population at-risk)}}{\text{全体人口 (Total population)}} \times 100 = \quad \%$$

　第3に，サービスを潜在的に必要とする0歳から11歳までの人口の中で，サービスを必要とする人口，児童相談所に寄せられた電話相談，小学校，病院，近所の人びとや民生委員からの通報等がどの程度あったか，そのケース

を計算します。

$$\frac{\text{サービスを必要とする人口 (population in need)}}{\text{サービスを潜在的に必要とする人口 (population at-risk)}} \times 100 = \quad \%$$

第4に，サービスを必要とする0歳から11歳の人口の中で，親から離れ児童相談所で保護されたり，一時的に実際にサービスを受けている子どもが何人いるかを調べます。

$$\frac{\text{サービスを受けている人口 (population served)}}{\text{サービスを必要とする人口 (population in need)}} \times 100 = \quad \%$$

以上のデータをまとめて，保護を必要とする児童がどの程度保護を受けているか，保護を受けている児童は，どのようなサービスを受けているか，その児童は，はたしてニーズが解決されているか，または解決されていない場合，何が原因であるかについて考える必要があります。一方，保護を受けることができない児童は何人いるか，その児童はどのような状況に置かれているか，それを解決するためには何が必要であるか等について議論する必要があります。

次の段階として，保護を受けている児童の情報の鍵を握る人びとに対する面接調査に移ります。その際には，児童虐待の定義，児童虐待の種類，児童虐待の全国的な傾向などを調べたほうがよいと思います。児童虐待は，一般的に家庭内と施設内で行われていますが，児童虐待防止法が，2000年5月に施行され，児童虐待を発見した者すべてが児童相談所等に通告等の義務があります。厚生労働白書によると，児童虐待相談件数は，1999年11,631件だったが，2000年度には17,725件，2005年度には34,451件に増加しました。強制入所措置のための家庭裁判所への申立件数は，1999年度には88件だったが，2004年度には186件に増加しました。児童虐待の増加により，厚生労働省は2003年9月から児童相談所の役割を「児童虐待と非行問題を中心に対応する機関」とする位置づけの変更を決定しました。児童虐待原因はさまざまですが，一般的に，①望まない出産や子どもへの苛立ち，②配偶者の出産や子育てへの不協力や無理解に対する怒り，③育児に対するストレス，④再婚者の連れ子に対する嫉妬・憎悪，⑤自ら虐待を受けた経験がある親等が挙げられます。

以上の人口のデータ，児童に関する情報などが，次の段階でサービスを企

画するときの基礎となるものです。

演習課題

　第1に，グループごとに興味を持っている社会問題を一つ選択し，社会的に問題がある対象者と地域を決めます。それによりニーズ探索が可能です。興味ある社会問題を決めた後，対象者の選定について，誰をターゲットにすればよいか分からない場合は，指導教官にうかがってもよいと思います。

　第2に，グループごとに決定した地域社会，特に市区町村の役所に行って，地域全体人口（total population），サービスを潜在的に必要とする人口（population at-risk），サービスを必要とする人口（population in need），サービスを受けている人口（population served）のデータを入手します。

　第3に，それぞれの人口が全体人口に占める比率，サービスを潜在的に必要とする人口に占める比率，サービスを必要とする人口に占める比率を計算します。

　第4に，以上のデータに基づき，グループごとに選択した社会問題の定義，社会現象，利用可能な福祉サービスの種類，その援助対象者にどのようなサービスが必要であり，そのサービスを提供するためにはどうすればよいか等を踏まえてレポートを作成し提出します。

③ 現地調査の実施の方法

1　調査対象者へのアプローチ

　以上のように，グループごとに調査対象者を決定したら，次に，どのようなアプローチで必要な情報を収集するかを決定しなければなりません。ソーシャルワーカーは問題を抱えている地域住民のニーズを満たすためにサービスを提供する以前の段階として，必要な情報収集のために現地調査が必要です。

　まず，現地調査を実施する際，どのような方法で調査を実施するかを決定

する必要があります。一般的に，社会調査には，事例（質的）調査と統計（量的）調査があります。事例調査は，多くの場合，調査企画者が質問すべき項目と順序がある程度決められており，必要に応じて質問を追加または変更することが可能であり，調査対象者が認知しているものを語ってもらう調査です。統計調査は，調査企画者が事前に質問項目と選択肢を用意し，調査対象者がそれに基づいて選択するようになっている調査です。

　事例調査は，調査者に調査する内容について具体的な知識が欠如していても，面接調査のときに，事前に用意している質問以外に追加的に質問したり，不足している情報を得るために数回訪問して面接調査を行うことにより，調査者が意図した結果を得ることが可能です。それは，調査対象者が少人数であるからです。しかし，統計調査は，事前に質問項目と選択肢を用意しなければならないので，調査する目的について知識が不足するとその調査は失敗に終わります。その理由として調査対象者が多数であり，調査を手伝ってくれる協力者にお礼として交通費などを支給しなければならないので，金銭的な負担が重くなるなどが挙げられます。そのため再度調査することが不可能です。地域社会の人びとのニーズ探索を行うために調査を実施する学生は，ソーシャルワーカーの役割について学ぶ段階であり，社会調査に関する知識や調査対象者のニーズについて具体的な知識が不十分であると思われるので，経済的側面を考慮すると，事例調査を実施した方がよいと思います。

　事例調査の短所として，選ばれた事例が母集団を代表しているかどうかの保証がないので，それに基づいて普遍的な法則を導き出すことが難しいという点があります[11]。

　事例研究は半構造化された調査で，調査企画者が何を目指しているかについては多様であるため，事例研究が目指しているものについて，盛山は次のように整理しています[12]。

〈「何を」目指しているのか〉
①ある社会や集団のより特定化された構造の解明
②隠された制度，人びとを拘束しているもの，権力，ルールの発見
③主観的世界の探求
④メカニズム（mechanism；仕組み）的構造の発見
（注：一部の項目について筆者が省略）

地域社会のニーズ探索を行うために，必要な情報収集方法として現地調査へのアプローチには，多様なアプローチがあると思いますが，本章では半構造化されたインタビュー調査を中心に，①キー・インフォーマント・アプローチ，②フォーカス・グループ・アプローチについて説明します。

▌キー・インフォーマント・アプローチ（Key informant approach）
（1）　調査対象者選定と面接調査の依頼

　キー・インフォーマント・アプローチとは，特定の情報を持っている人びとへの面接調査です。地域社会や共同体の中には，問題を抱えている住民に対して何らかの情報を持っている人びとが存在し，それらの人びとがキー・インフォーマントです。

　地域住民のニーズについて特定の情報を持っている人びとは，福祉サービスに直接または間接的に携わっている場合もあれば，まったく福祉サービスに携わっていない場合もあります。福祉サービスに何らかの形で携わっている社会福祉法人や公的機関，または営利を目的とする団体の従事者は，自分自身が所属している福祉サービス機関の職務上の目標や理想，または利益と絡んで，クライエントを評価する傾向があるので，キー・インフォーマントが提供してくれる情報は偏った情報であるときもあります。

　一方，地域住民のニーズについて，公的機関や社会福祉法人など以外のボランタリーセンター，または近所の人びとは，問題を抱えている地域住民のニーズを満たすために，何が必要であるかを主観的に把握しています。ニーズが解決されていない原因が何かについて，客観的な評価は困難であるとしても自分自身の利益とは関係なく情報を握っている場合があります。それらの人びとがキー・インフォーマントです。

　キー・インフォーマントを対象として調査を行う際，一方のみを選定して調査するより，サービス機関に所属している人びとと所属していない人びとの両方を調査することにより，ニーズが解決されていない地域住民の状況を正確に把握することが可能だと思います。また，政治家，地域社会の有力者，民生委員や奉仕団体であるロータリークラブ，ライオンズクラブ，商工会議所などの会長や会員などにインタビュー調査をすることも重要です。

　政治家や地域社会の有力者は，選挙を常に意識しており，現状の地位を維持するためには選挙に勝つ必要があります。そのため，地域社会が抱えてい

る問題について非常に敏感であり，地域社会の中で最も社会問題になっていることについて焦点を当てる傾向があります。政治家や地域社会の有力者にインタビュー調査をするメリットは，①現在，どのような社会問題が注目されており，どのようなサービスを支持，または支援しているかを把握することができます。②今後，どのような社会問題がこの地域社会で注目されていくか予想することが可能です。③ソーシャルワーカーが調査を企画している社会問題について，政治家や有力者が気づいていない場合，そのような問題が地域社会にあると情報提供することができます。

　たとえば，要介護高齢者（介護が必要な高齢者）の虐待問題は，一般的に家庭内と高齢者の入所施設で行われています。要介護高齢者の虐待問題について，キー・インフォーマントに調査を実施する際，地域の警察官や関係機関にインタビュー調査することが非常に重要です。それとともに，要介護高齢者の主治医，看護師，民生委員，要介護高齢者の近所の人やヘルパーなどにインタビュー調査をすることも重要です。それらの人びとは，日頃から要介護高齢者と家族の状況をよく把握しており，どのようなことが原因で家族が高齢者を虐待しているか知っています。そのような家族にはどのようなサービスが必要であるかについて，さまざまな情報や意見を持っているからです。

　あるいは地域社会の問題が，小学生の校内暴力問題である場合，ソーシャルワーカーは生徒が通っている小学校の担任の先生や校長先生，児童相談所の児童福祉司などがキー・インフォーマントであり，それらの人びとを調査対象にすることにより，状況を明らかにすることができます。小学生の親や近隣，友人などを対象に情報を得ることも大切です。

　近年，小学校では学内の児童の暴力が増加しており，全国の公立小学校の2005年度の校内暴力件数は，前年度に比べ6.7％増の2018件であることが文部科学省の調査で分かりました。[13]2005年度の校内暴力の内訳は「対教師」が464件，「児童間」が951件，「教師・児童以外」が21件で，先生が被害者になるケースが4割近くに増えています。[13]小学生による暴力は，中・高校生の非行とは質的に異なっているので，突発的に暴力を振るう子どもにどう対応するかが課題になっています。小学生の暴力の原因として，①授業時間数の増加によるストレス，②生徒指導のノウハウの未熟，③家庭での虐待，④表現力の低下などが挙げられています。その原因を踏まえて，小学生の暴力に関する情報を持っているキー・インフォーマントに調査することにより，①暴

力が個人化しているか，集団化しているか，②暴力の頻度，③どのようなことが原因か，④どのように対応しているか，⑤どのような問題が残されているか，⑥今後どのように対応した方がいいか，などについてさまざまな情報を得ることが可能です。

（2）　キー・インフォーマント・アプローチを用いる際の留意点

キー・インフォーマント・アプローチを用いる際，次のようなことが必要です。

まず，グループごとにあらかじめ質問項目を作成したものを用意し，必ず前もって（1～2週間前）キー・インフォーマントにインタビュー調査への協力をお願いします。その際には，訪問または電話などで面接の申し込みを行い，調査対象者が指定する日時に訪問する必要があります。しかし，電話での申し込みは，調査対象者が断るには都合が良いので，電話での面接の申し込みは下げた方がよいという考え方もあります。可能な限り，調査対象者に直接会って面接をお願いした方がよいと思います。直接会って調査をお願いすると，断ることが難しいという側面があります。調査対象者となかなか連絡が取れない場合，インタビュー調査へのお願い文書を葉書やファックスなどで送る場合もあります。その際には，調査の目的，訪問時期，調査主体と連絡先などを明確に，分かりやすく説明します。

第2に，キー・インフォーマントに面接調査に応じてもらえることになったら，面接調査はテキパキと焦らず行います。面接調査を行う際，調査対象者と調査者の信頼関係を表す「ラポール（Rapport）[14]」が非常に重要です。キー・インフォーマントに対する面接調査は，調査対象者と調査者の共同作業であり，調査者が調査対象者から信頼されないと，調査対象者から大切な情報を聞くことが困難です。面接調査するときは，調査内容を忘れないようにテープ・レコーダーやノートを必ず用意し，調査対象者に許可を得てから使用した方がよいでしょう。

第3に，面接調査が終わったら，お世話になったキー・インフォーマントに必ずお礼状を送ります。面接調査は，対象者の協力があってこそ成り立つものです。調査対象者が調査結果を望む場合は，後日送ることを約束します。

（3）　質問項目の作成

質問項目は面接調査の目的を達成できるように作成します。面接調査の目的は，社会問題の実態の把握や技術であったり，仮説の検証であったりしま

すが，いずれにしても何を明らかにしようとするか目的意識が重要です。その後，目的を達成するために目的に基づき質問項目を作成します。

　本章のニーズ探索の目的は，地域住民が福祉サービスを利用しているが，ニーズが解決されていない場合，その原因は何か，または，どのようなサービスが必要とされているかを明らかにすることです。そして，地域住民のニーズを解決するために支援活動をする際，必要とされているサービスに焦点を当てて支援活動をし，ニーズが解決されているかどうかを検証することです。その目的を明らかにするためには，「現在提供されているサービス」，「現在提供されていないサービス」と，「現在サービス提供から除外されている人びと」などを明らかにします。質問に対する答えとしては，選択肢を前もって用意する（closed question），選択肢を用意せず自由に語ってもらう（open question），という方法があります。本章の目的は，ソーシャルワーカーが地域社会のニーズ探索のために行う調査であり，キー・インフォーマントから援助対象者の情報を探ることが目的であるので，質問に対する選択肢を用意せず自由に語ってもらうのがよいでしょう。

　質問項目を作成する際，質問の順序や質問の長さについて考慮する必要があります。質問の順序について，軽い質問から重い質問へ，もしくは重い質問から軽い質問へと順序をつけるという流れがありますが，いずれにしても調整が必要です。しかし，一般的には，軽いシンプルな質問から（メイン）重い質問へという順で行う方が，調査対象者に不愉快な感じを与えにくいと言えます。質問の長さについては，質問項目が長すぎると調査対象者の負担になるので，調査に対する拒否が起こったり，調査に応じても本音で語らず表面的に語るなど，ラポールが問題になる場合があります。質問項目は，10項目以内に設定した方がよいでしょう。

　質問の最後には，お礼として「長い時間，質問にお答え頂き，ありがとうございました。福祉を学んでいる私たちに，ご期待やご要望がありましたらお聞かせください」という質問を加えてみます。それによって，調査対象者が福祉を学んでいる者に対して感じていること，欠如していると感じていること，期待していることを確認することが可能です。面接調査する学生は，そのような側面から学ぶことを大切にして面接に望んだ方がよいと思います。

演習課題
　グループごとに目的に沿って質問項目を作成し，その質問項目が正しいかどうか指導教員にチェックしてもらい，よりよい質問項目に修正します。時間的余裕があれば，面接調査のロールプレイを行います。翌週の授業は，教室での講義ではなく，現場で面接調査を行います。

フォーカス・グループ・アプローチ（Focus group approach）

　フォーカス・グループ・アプローチとは，ある特定の社会問題について，それを体験した人びと，それに関わった人びとを集めて，その問題についてディスカッションをしてもらうことです。典型的には，6人から8人が参加するグループを作り，1時間半から2時間のインタビューに参加するように計画した方がよいと言われています。同一グループに参加するメンバーは，友人や互いによく知っている人びとよりも，顔見知りでない人びとの方が，このアプローチに適していると言われています。知り合い同士のグループでは，当たり前だと思われて，あえて言語化されない事柄の割合が高くなるからです。なるべく異質な人びとのグループから始めて，それから同質のグループへ移ることも示唆されています。グループ参加者は，地域の社会問題について情報の鍵を握っていると思われる人びと，すなわち，地域住民のうち民生委員，婦人会の会長，PTA役員などを一堂に集めてもらい，質問に対して討論してもらいます。たとえば，地域福祉活動がどのように展開されるべきであるかがテーマであれば，ボランティア団体のリーダーのような豊富な情報を持っている人（キー・インフォーマント）を選んで，フォーカス・グループを作り議論してもらいます。あるいは，障害児の親が抱えている不安や困難がテーマであれば，障害児の親と障害児施設従事者に集まってもらって，ディスカッションしてもらいます。

　このアプローチは，調査テーマとなっている問題に詳しい人びとが集まり意見を交換するので，ニーズを生じさせる原因が何か，ニーズを満たすためには何が必要であるかについて複数の意見が交換できるので，地域住民のニーズを満たすために非常に良い方法であると考えられます。

　このアプローチの長所として，①量的調査より低コストで，お互いに刺激しあうことによって多面的な情報が得られる，②反対意見が出やすい，③個人を対象にした場合を超えた回答が得られる，などが挙げられています。し

かし，短所として，①少数に議論が支配されることがある，②社会的規範が働く場合は本音が言えない，③質問者が進行を容易にすることができるかどうかに左右される，などが挙げられています。それらの短所をカバーするためには，単独の参加者や下位グループがインタビューの主導権を握って，グループ全体に自分たちの意見を押し通すことを防ぐことです。さらに，消極的な参加者が自分の意見を述べられるように励まし，グループ全体から回答を得るように努める必要があります。なお，調査企画者は，指示的にグループの舵取りをすることと，非指示的に司会をしながら自分の言動のバランスを取ることが非常に重要で必要です。

次の表では，フォーカス・グループを始めるときの例を挙げています。

＊フォーカス・グループを始める時の文例

　ディスカッションを始まる前に，お互いに知り合いになっておきましょう。まず簡単に自分の名前とどんなお仕事をされているのかを言ってください。Xさんから順番に言っていただけませんか。

　今日は会員のみなさんに関係する事柄についてディスカッションします。その前に2，3お願いをしておきます。このセッションはテープに録音されています。私がレポートを書くときに参照できるようにするためです。録音されることが不都合な方は，そうおっしゃってください。そのような場合にはお帰りなってくださって結構です。

　はっきりした声で，ひと時に1人だけ発言するようにしてください。私は交通整理の役をして，みんなに発言の順番が回るようにします。考えを正確にお答えください。私や隣の人にどう思われるか気にしないでください。私たちは意見を交換するためにここにいますし，楽しんでそれをやりましょう。では，自己紹介から始めましょう。

出所：Stewart & Shamdasani, 1990, pp. 92-93.

2　面接調査の分析

キー・インフォーマントに対する面接調査を通して，グループごとに焦点を当てた人びとの社会問題について，多様な意見が集まったらそれらを分析します。

そのためには，キー・インフォーマントに対する面接の結果をチェックす

るための一連の手がかりが必要です。それらにより，キー・インフォーマントに対する面接調査の手続きと流れとが明らかにされます。そのような点検のプロセスとして，次のようなものがあります。

> - 研究結果は，データに基づいて出されているか？（サンプリングは適切に行われているか？ データは正しく検討されているか？）
> - 結論は論理的に導かれているか？（分析の戦略は正しく適用されているか？ 違った説明が成り立つ可能性が考慮されているか？）
> - カテゴリーの構造は適切か？
> - 研究上の決定や方法の変更は正当なものか？（サンプリングの決定は作業仮説と結びついたものか？）
> - 研究者のバイアス（偏り）はどの程度のものか？（終了は早すぎることはないか？ フィールドノートの中には未検討のデータは残っていないか？ 仮説に当てはまらないケースの探索を怠っていないか？ 調査対象への感情移入が研究を歪めていないか？）
> - 信憑性を高めるためにどのような方策が取られたか？（誰かに草稿に目を通してもらったか？ インフォーマントのフィードバックは得たか？ 同僚のチェックは受けたか？ フィールドで適当な長さの時間を過ごしたか？）
>
> 出所：Huberman & Miles, 1998, p. 202.[17]

　キー・インフォーマント，あるいはフォーカス・グループ・アプローチであっても，以上のような研究結果を手がかりにして，研究プロセスを踏まえて検討することにより，適切に評価することができます。それにより，ニーズが解決されていない地域住民により適切なサービスを提供することが可能です。

　地域社会のニーズ探索の際，収集したニーズが満たされていない人口のデータを基にして，キー・インフォーマントの意見と自分たちの意見にすれ違いはないか，あるとしたらその原因は何か等を追求しながら分析します。その際には，キー・インフォーマントから得られた情報のみならず，社会現象や先行研究（自分たちが考えていた社会問題について，すでに発表された文献）も調べておきます。最後に，グループごとに設定した地域住民のニーズが解決されていない原因は何か，どのような社会サービスが不足しているかなどを踏まえて分析します。

第 4 章　地域社会のニーズ探索

演習課題

　グループごとに設定したキー・インフォーマントに対する面接調査の結果を分析し，グループごとに発表します。自分たちのグループと他のグループのキー・インフォーマントに対する調査結果との共通点は何か，異なる点は何か，特徴は何かを発見します。また，キー・インフォーマント調査を通して，反省すべき点は何かを明らかにします。それらを明らかにすることにより，ニーズがある地域住民のためにサービスを企画する際，適切なサービスを企画することが可能だと思います。

注

* 　本章は，東京福祉大学社会福祉学部の「社会福祉サービスの対象となるニーズ探索」(『基礎福祉演習Ⅰ・Ⅱ』)に基づき，筆者が新たに執筆した。

(1)　ソーシャルワーカーとは，日本ソーシャルワーカー協会によれば，「ソーシャルワークの専門職は，人間の福利（ウェルビーイング）の増進を目指して，社会の変革を進め，人間関係における問題解決を図り，人びとのエンパワーメントと解放を促していく」ことであると定義しています。すなわち，ソーシャルワーカーとは，「社会的に支援を必要とする人々の福利の増進を目指して問題解決のためにその環境に働きかける専門職である」と定義することができます。
(2)　社会福祉のニーズ（第 2 章参照）とは，簡単に定義することは困難ですが，『社会福祉事典』によれば，おおむね，「ある人々の状態が社会的に定められた一定の基準から低下している時，その人々の状態を改善または回復するために何らかの公的サービス・私的サービスを必要とする状態，または必要な状態」であると定義することができます。
(3)　副田あけみ「ソーシャルワークの視点・目標・価値・倫理」北島英治ほか編『ソーシャルワーク実践の基礎理論』有斐閣，2002年，21〜55頁。
(4)　日本地域福祉学会編『地域福祉事典』中央法規出版，2006年，276〜277頁。
(5)　副田あけみ「ソーシャルワーカーの役割」北島英治ほか編『ソーシャルワーク実践の基礎理論』2002年，有斐閣，227〜252頁。
(6)　太田義弘「エコシステム構想の課題」『龍谷大学社会学部紀要』20，2002年，1〜16頁。
(7)　北島英治「社会福祉実践の展開」黒木保博・白澤政和・牧里毎治編『社会福祉援助技術演習』ミネルヴァ書房，2003年，67〜92頁。
(8)　民生委員制度は，1948年公布された民生委員法に基づく制度であり，民生委員は児童委員を兼務しています。民生・児童委員は，担当区域をもっており，地域住民の抱える問題を早期発見し，サービスに結びつけることが可能です。民生委員は，地域住民の中から推薦され，厚生労働大臣が委嘱します。給与の支給はないですが，交通費などの実費は支給されます（日本地域福祉学会編『地域福祉事典』，2006年，

272～273頁)。
⑼　応益負担とは，受ける利益（サービス利用の程度）の程度に応じて費用を負担することであり，応能負担とは，支払い能力など経済的状況に基づき費用を負担することです。
⑽　厚生労働省編『厚生労働白書』ぎょうせい，2006年。
⑾　林卓次郎・古賀宏明「事例調査の性格と問題」西田春彦・新睦人編『社会調査の理論と技法』川島書店，1978年，145～161頁。
⑿　盛山和夫『社会調査法入門』有斐閣，2004年，251頁。
⒀　日本経済新聞，2006年9月14日付。
⒁　ラポール（Rapport）とは2人か，あるいは2人以上の個人の思考や感情が調和しているか，理解しあっているときの関係が持っている，一つの性質です。
⒂　Uwe, F., *Qualitative Forschug*, Rowohlt Taschenbuch Verlag GmbH, 1995.（153-154頁）
⒃　Stewart, D. W. & Shamdasani, P. N., *Focus Groups: Theory and Practice*, Newbury Park, CA: Sage, 1990.（小田博志・山本則子ほか訳『質的研究入門〈人間の科学〉のための方法論』春秋社，2002年，154頁）。
⒄　Huberman A. M. & Miles M. B., "Data Management and Analysis Methods", in Denzin, N. & Lincoln Y. S. (eds), *Collecting and Interpreting Qualitative Materials*, London, Thousand Oaks, New Delhi: Sage, 1998, pp. 179-211.（小田博志・山本則子ほか訳『質的研究入門〈人間の科学〉のための方法論』春秋社，2002年，286頁）。

参考文献

太田義弘・秋山薊二編著『ジェネラル・ソーシャルワーク――社会福祉援助技術総論』光生館，1999年。

西梅幸治「ジェネラル・ソーシャルワークにおける生活への視座に関する研究」『高知県立大学紀要　社会福祉学部編』66，2016年，13～25頁。

第5章

ニーズに対するサービスの計画

現在，日本の高齢化は急速に進み，国民の高齢者福祉への関心は日増しに高まっています。その関心の背景には，長寿社会をより良く生きたいという願いとともに，一方で，寝たきりや認知症などの要介護状態の高齢者が増加しているという大きな将来への不安の両面があると考えられます。

　また，少子化には歯止めがかからず，2005年の合計特殊出生率は，さらに低下し，過去最低の1.26となり，出生数も約112万4000人とこれも戦後最低となりました。このことを，1949年の第1次ベビーブームの4.32，約270万人，1973年の第2次ベビーブームの2.14，約209万人と比べると，その数的な変化の大きさがもたらす社会構造の激変が容易に想像できます。

　今後確実に訪れるであろう超高齢社会に対する不安は，それを担う子どもの数が減っているという点が第一に挙げられます。しかも，少子化によって児童に対する支援のニーズが減少するのかというと，そうではありません。児童虐待などの社会的問題の複雑化・多様化から，子育てに対する総合的なニーズの総体は，以前にも増して大きくなっており，そうした現代社会の複雑さが，社会不安に拍車をかけています。

　そのような現代社会の中で，私たちは誰もが「よりよく生きたい」と願っています。そこに，今日の福祉（社会福祉）の意義があり目的があります。つまり，これまでの「弱者救済」「障害者や高齢者の福祉」といった福祉観に基づく制度やサービスだけでなく，今後は一人ひとりが「よりよく生きる」（ウェルビーイング）ための自立と自己実現を促すこと，それこそが福祉の最終目標だと考えられるようになったのです。その意味で，今日の福祉は，今やあらゆる面で我々一人ひとりの問題であり，国民的課題になったととらえられます。

　では，その自立と自己実現とは何を指すのか，そのとらえ方，考え方が問われています。つまり，自立生活についての考え方に問題があれば，援助の視点や方法も価値の実現からは離れ，権利性の確立も不十分なものになってしまいかねないからです。専門的援助者は，自立生活の実現がどのような理由から阻害されているのか，その判断方法としての学問である社会学，社会調査技術，人間理解としての心理学，直接援助技術としての医学や介護技術などを用いる必要があります[1]。

　社会福祉分野におけるニーズ（必要）は「人間が生活を営むうえで，経済的，社会的，身体的，心理的に必要とされるもので，社会福祉による対応が

第5章　ニーズに対するサービスの計画

必要なもの(2)」とされているということは前章で学びましたが，これまで学んだことから「満たされているニーズ」について具体的に考えてみると，まずニーズは社会福祉サービスの基本であるということが言えます。したがって，個々のニーズと実際の社会福祉サービスがずれていることほど不幸なことはないと言っても過言ではありません。

しかし，そのニーズが満たされているかどうかを把握することは，そう簡単ではありません。つまり，ニーズは，その原因・性質・ニーズを持つ人の個別性や特殊性，充足方法などにより色々な種類や側面があり，それを評価するには高度な知識・技術が必要となってくるからです。

第1に，ニーズはよく需要や欲望という言葉と比較されます。需要や欲望が，満たしたいという意識や要求がはっきりしているのに対して，ニーズは必ずしも意識されない場合があります(3)。ニーズが何らかの望ましい状態に基づく用語であるのに対して，需要や欲望は個人の主観的欲求に基づいています。たとえば，ある肥満気味の男性が，低カロリーの食事を必要としているにもかかわらず，それを求めないかもしれません。逆に，彼は高カロリーの食事を求めているが，本当はそれを必要としていないかもしれません。つまり，健康という望ましい状態に近づくニーズと，彼の需要や欲望とは異なるわけです。

第2に，ニーズには，潜在的ニーズと顕在的ニーズという分類があります。潜在的ニーズは，ニーズがあり社会的にも必要であるとみなされている状態にもかかわらず，本人には自覚されていないことを言います。顕在的ニーズとは，その依存的状態およびその解決の必要性が，本人にも自覚されている場合を言います(4)。

第3に，社会福祉サービス供給の方法からの分類として，貨幣的ニーズと非貨幣的ニーズに分ける場合があります。貨幣的ニーズは貧困あるいは低所得が原因になります。これに対して，非貨幣的ニーズは，ニーズの充足が現金給付では十分に効果がなく，現物または人的支援やサービス等が必要になる場合です(5)。

今日，社会福祉がその課題としているニーズは，単なる本人の需要や欲望ではなく，言い換えれば社会的ニーズと言えるでしょう。しかし，その社会的ニーズも色々な種類や側面があり，それを評価する側の判断も一様ではありません(6)。満たされているニーズとは，個々のニーズに基づいて表されたも

のと，社会的ニーズが社会福祉サービスとして実現された状態と言えるでしょう。

① 満たされていないニーズ

1 満たされていないニーズとは何か

　ニーズ調査といって，社会福祉のサービスを使いたいかどうかという質問をすることがありますが，これは需要や欲望の調査であって真のニーズ調査とは言えない場合があります。
　「満たされていないニーズとは何か」について，ここでは障害者のニーズに関するある聞き取り調査(7)を例に挙げて考えてみましょう。
　障害者の中でも，知的障害者や精神障害者の社会生活を支援していくときに問題となることの一つに，障害者本人のニーズとそのニーズに対して提供されるサービスとの間のズレがあります。これまで，知的障害者や精神障害者に関しては，本人が自分のニーズを積極的に表明するという機会が少なく，表明されることがあっても，障害者本人の意見は重視されることがあまりありませんでした。障害者本人は，障害を持っているために自分の状況や必要なことの内容を適切な言葉にして説明することが難しいこともあります。
　それ以外にも，障害そのものに関する周囲の人の無理解や誤解が原因となり，障害者本人の意見を積極的に聞くという取り組みもされていないという事実があります。たとえば，障害があるから答えられないだろう，障害があるから間違った答えが返ってくるだろうと判断されているということです。このようなことが原因となり，障害者本人に焦点を当て，障害者本人の視点から見て，障害者本人の生活に必要な社会資源の開発や，制度の整備がはかられることが少なかったと言えるでしょう。その結果，調査の対象は障害者を支援する家族やその他の援助者が中心となっていることも多いのです。その場合，家族や援助者の視点から見て必要であるととらえられたことが規準となり，社会福祉制度や社会福祉施設やサービスの整備が進められてきたということもあるでしょう。

表5-1 ケースによるニーズの該当について
（精神障害者）

A	病院の対応をよくして欲しい
B	病気・治療について知りたい
C	病気のことを知って欲しい
D	仕事に関する援助が欲しい
E	行き場として作業所が欲しい
F	作業所以外の行き場（受け皿）が欲しい
G	社会資源に関する情報が知りたい
H	話を聞いて援助して欲しい
I	適切な援助が欲しい
J	普通の人間関係が欲しい
K	在宅での生活支援をして欲しい
L	住居の保障をして欲しい
M	緊急時の対応をして欲しい
N	経済的な援助が欲しい
O	障害者であることを知られたくない
P	その他

出所：「障害者の社会生活支援のニーズと対応に関する研究」平成10年度富士記念財団社会福祉研究助成金研究成果報告書, 2001年。

　しかしながら，実際に生活をして不都合や困難を感じているのは，当事者である障害者本人であり，障害者本人の意見や思いに対し，もっと素直に耳を傾ける必要があるのではないでしょうか。また，そこから出てきたニーズを正しく受け止め，そのニーズを充足できるように，さまざまな制度やサービスを考え，作る必要があると考えられます。

　その点に着眼して実施した今回の聞き取り調査からは，障害者のニーズと実際に提供されているサービスとの間に大きなズレがあったと報告されています[8]（表5-1参照）。

　つまり，現在提供されているサービスとの比較検討をした結果，以下の点が指摘されました。

把握されていない精神障害者のニーズ

　既にある制度や施設（病院）等で実施されるサービスに関して，精神障害

者のニーズを充足することができない理由にはさまざまなものがありますが，まず，今回の聞き取り調査を通じて分かったことは，精神障害者のニーズがきちんと把握されていないということです。また，そのニーズが周囲の人に理解されていないということもあります。

精神障害者は，病者としてとらえられることが多く，特別・特殊な人という位置づけをされてしまいがちです。そのときの精神障害者のイメージは，「支離滅裂な言動をする人」であり，「普通に話ができない人」「話をしても通じない人」ということになります。つまり，周囲の人から見ると，精神障害者は，病気でない自分たちとは意思疎通ができない人となります。

「話をしても通じない人」であれば，当然話を聞く必要もなく，また，相手のことを理解しようと努力する必要もなくなります。その結果，精神障害者自身が毎日の生活で感じていることを聞くということが行われていないということになります。このようなことがあるために，一般的な生活の中では，精神障害があることでどのようなことで困るのかについて話をする機会がありません。

このことは，精神障害者に対する偏見や差別と深い関係があります。上記のような誤解に基づき，精神障害者に対しての悪いイメージが先行してしまい，ごく普通の関係が築けないのです。また，ニーズを感じていても，まともに取り合ってもらえないという状況があります。そのため，聞き取り調査の際には，もっと話がしたい，もっと話を聞いて欲しいという声が出ました。

障害があることで，人との当たり前のつながりが失われています。その結果，今回の聞き取り調査の際に特徴的であったように，自分たちの話を聞いて欲しいという強いニーズになるのでしょう。

精神障害がある人たちと，日常的な関係を築き，その中でさまざまな生活上のニーズを把握し，それを充足するための方法を作ることが非常に求められていると言えるでしょう。

不十分な専門家の対応

次に，今回の聞き取り調査で明らかになった第2の点は，専門家の対応が不十分であるということです。具体的には，専門家が余裕を持って対象者と接することができないことへの不満です。その背景の一つには，現在の病院や施設の運営基準では十分な人員が補えないということもあるでしょう。ま

た，各専門家そのものの専門性が確立しておらず，その点に関して福祉や医療従事者に対する不信や不安ということもあります。さらに，精神保健福祉に関わる専門家に対して日常生活の場面でも適切な援助をして欲しいというニーズがかなりあります。世間一般の人びとが精神障害者の理解が足りず，誤解と偏見を持っているという現状があり，だからこそ，医療，保健，社会福祉分野の専門家がそういったことを解消する橋渡しとして日常生活の中でこそ適切な援助を行って欲しいということです。精神保健福祉に関するサービスとの関係では，専門家は職務として病院や施設等で精神障害者とかかわりを持ちますが，それ以外の地域生活場面では専門家の関与はほとんど無いのが現状で，同じ生活者として，身近に接し，支え合うことができる専門家が強く望まれているということが分かりました。

知的障害者へのコミュニケーション支援

また，同じ調査から，知的障害者の場合についてもニーズ把握として以下の点が報告されています。

今回の聞き取りに限って言えば，本人の発言や意思がいつもはっきりとした言葉で表されるとは限らず，むしろその逆に，以下の特徴があることが分かりました。

(1) 自分の意思ではあるが，相手の承認を求めたり，相手に代行して発言してもらうことが多い。
(2) 直接表現された言葉の意味と同時に，語用論的な解釈（言葉の意味とは別にそれを適切に用いているかという）[9]が必要だったり，言外の意味にニーズがあると思われることが多い。
(3) 音声言語の代替機能として，表情や態度で表すことが習慣化している場合には，具体的なニーズとして確認できることは，非常に限定されたものになる可能性が高い。
(4) 何度試みても意思疎通に失敗したときには，周りも本人もそれをあきらめざるを得ないことが多く，そのパターンは習慣化しやすい。

このように，本人の意思確認が非常に難しいなかで，そこから本当のニーズを把握しなければなりませんが，まず，具体的・個別的ニーズを表明する

以前に，コミュニケーション能力をいかに補佐し，安心して発言しているのかどうかというレベルの確認と，それができる雰囲気作りをすることが非常に重要でしょう。このことは，これまで自分の意見をきちんと発言する場や機会が不足していたことや，そういった体験が不十分であったことも強く影響しているからだと思われますが，その意味でまず発言の場の確保や経験等を保障することが非常に重要なニーズだと言えるでしょう。

　これらのことは，直接本人からニーズとして出されたものではありませんが，今後本人の意見を尊重して諸政策に反映させるうえで忘れてはならないことでしょう。そして，このことは，これまで知的障害者のニーズが把握できないのは，コミュニケーション能力自体の問題だけであるかのように論じられてきたことと，はっきり区別しなくてはならないと思います。

　以上，今回の聞き取り調査で明らかになった「満たされていないニーズ」に関して問題点をまとめると，精神障害者に関しては，①特に日常生活上のニーズ把握が不十分である，②専門家の対応については，従事者の専門性に対する不安をいだいており，日常生活上の支援をする専門家は不足している，ということが分かりました。また，知的障害者に関しては，本人のニーズを正確に把握するためにコミュニケーションの支援等が必要であるが，自分の意見を述べる場や機会が不足しているということも分かりました。

　それでは「満たされていないニーズ」は，どのようにすれば把握できるのでしょうか。

　たとえば，精神障害者の「もっと話しがしたい，もっと話を聞いて欲しい」という声にあったように対象者に素直に耳を傾けることが重要だと思います。精神障害者に限らず，対象者のニーズの把握のためには，まず，そのことから始めることが重要です。そして，専門家がもっと余裕をもって対象者と接する心構えをもつことが必要ですが，それを可能にする適正な人員配置もなされなければなりません。それに関しては，これまでの支援サービスの枠を越えて，地域で生活する時に支えとなる人的なサポート体制が構築されるべきだということも含まれます。

　次に，知的障害者のように本人の発言や意志を言葉で十分伝えることが難しい場合には，コミュニケーションを補う手段を工夫し，話し言葉以外のサインや顔の表情，態度などもくみ取る知識や技術も必要です。また，これまで自己主張をする機会が少なかった方も多いので，安心して自分の意見が述

第5章　ニーズに対するサービスの計画

べられる環境を用意し，経験を積んでいく中でニーズの核心が分かってくることもあります。

以上のように，満たされていないニーズは，ただ漠然と把握できるものではなくて，対象となる人やグループに対して総合的・系統的に，しかも，きわめて具体的・個別的に探索していくことが要求されていると言えます。

2 満たされていないニーズに対するサービスの計画（体験ボランティア実践計画）

実際の社会福祉現場では，満たされていないニーズに対する援助計画を立てることはきわめて大切な段階です。その援助計画を立てるためにはアセスメントが必要ですが，アセスメントの基本になるのがニーズです。しっかりとしたニーズ探索ができれば，「充足すべきニーズは何か」「緊急性はあるか」等が明らかになってきます。そこで初めて「何を目標にして，どのような手段で，いつまでに解決すべきか」という計画が立てられることになります。

また，目標設定，計画においてはクライエントにできる限り参加してもらい，その計画について合意を得ること（契約する）で成立しますが，クライエントのプランニング段階への積極的参加は大変重要な要素となる場合が多いと言われています。

ここでは満たされていないニーズに対するサービスの計画について，体験ボランティア実践計画の作成について考えますが，その際にも，実際の社会福祉現場における援助計画について理解しておくことが必要です。

第1に，問題の背景について明らかにし，ニーズの探索をします。各自が関心を抱いた社会問題について，具体的に述べると同時に，これまで行ってきたニーズ探索のための「対象人口のデータ収集」や「面接調査」で明らかにした満たされていないニーズ（Unmet Needs），つまり，必要とされているサービスについての考察をします。また，それ以前に行った「地域診断・人口調査」や「共同体についての調査」と関連性についても考察し，問題の背景をよりあきらかにして下さい。

キー・インフォーマンツ（Key Informants）の面接や他の調査方法を通して，個人で，またはグループで焦点を当てた年齢層の人びとと，その人びとが直面している社会問題についてさまざまな意見が集まったと思いますが，これを同じ年齢層と社会問題を調査した他のグループと一緒に比較してみる

のが次の作業です。

　サービス計画の第一歩として，対象人口の満たされないニーズを満たす，または，その人たちの直面する社会問題を予防するサービスやプログラムを調べることが大切です。たとえば，できるだけ多くの施設やサービスを見学したり，関連するテーマを扱った既成のビデオ・テープを見たり，実践の経験が長い先生たちに話を聞くということです。これによって，今まで知らなかったサービスや，ぜひやってみたいと思うプログラムも出てくると思います。

　また，自分の考えていたように調査が進んだか，また，自分が選んだキー・インフォーマンツは面接に応じてくれたか等，その過程をお互いに披露し合いましょう。キー・インフォーマンツの中には，調査する人たちに全面的に協力し，色々な意見を聞かせてくれる人もいますが，協力することを迷惑に思い，すでに公表されているデータだけを教えてくれる人たちもいるでしょう。調査の過程で，依頼書が届く前に調査者からの電話がかかってきたことを，不快に思う人たちもいますし，また，依頼書が電話もなく届いたと腹を立てる人たちもいると思います。このようなことはすべて私達にとって大切な経験であり，面接を依頼した人たちに今後の調査にさらに協力してもらうためにも，明るく感謝の気持ちで接して，人脈を作る一環としましょう。協力をして下さった人たちにはもちろん，あまり協力的でなかった人たちにも，丁寧なお礼状を出すのも一つの大切な活動です。

　また，調査過程を比較した段階で，もし面接の相手が協力的でなかったときは，調査する側がどのように接するべきであったか，他の人たちに意見を求めることも，次の調査に役立つでしょう。経験から学ぶということは，プロフェッショナルとしての大切な心がけです。

　最初に地域や共同体の診断をしたときは，対象人口について調査をしたときに手に入れたデータを基にして，自分たちが注目した社会問題が増加の傾向をたどっている，あるいは何らかの変化を遂げていると仮定していました。その仮定は，このキー・インフォーマンツとの面接によって肯定されたり，あるいは否定されたりしたことでしょう。この面接から得た結果をグループ間で分かち合い，自分たちが得た情報に加えていきます。そして最後に，自分たちの選んだ対象人口の満たされていないニーズを突き詰めていきましょう。

第5章　ニーズに対するサービスの計画

　以上の過程から，しっかりとしたニーズを把握したうえで，ボランティアとして実施可能なサービス計画の次の段階へ進んで下さい。

　第2に，実践の目的をあきらかにします。そのために上記の問題の背景の中から，タイトルをしっかりと考えましょう。そこから初めて具体的体験の企画がスタートします。

　たとえば，「保育園の体験学習レポート」とするより，「優しい子どもを育てる保育園」と具体的にした方がよいでしょう。また，「高齢者施設での体験」，「児童養護施設でのボランティア」だけでは漠然としていて，何がテーマで目的か分かりませんが，たとえば「医療を伴う老人ホームにおける認知症の方へのサービス」あるいは「児童デイサービスセンターでの実践『アスペルガー症候群って？』」とすれば，その具体的テーマを見ただけで，実践内容が見えてきます。

　第3に，実践方法等の具体的内容を決めて下さい。そのなかには，どういった施設や機関で実施するか，許可をどのようにして取るかといったことも含まれます。

　実践計画にとって欠かせない項目は以下の点です。

① 誰が　　　　　　　　　who
② どこで　　　　　　　　where
③ 誰に または 誰と　　　to whom または with whom
④ いつ（からいつまで）　when (from when to when)
⑤ どのようにして　　　　how
⑥ 何を達成するか　　　　achieve what

　さらに，そのテーマに沿って具体的な学習課題を整理します。ここでは，夏休みなどの体験ボランティア活動について考えてみます。まず，自主的な体験ボランティアを通して，どんなことを学ぶとよいのでしょうか。

　以下のようなことがポイントになるでしょう。

(1) 実習する機関・施設について学ぼう。
　①機関・施設の目的，使命，運営規約，歴史
　②機関・施設内の組織構成図，各部門の役割と機能，その責任者，スタッフの数

③理事会の役割，権限，構成メンバー，運営資金の種類と出所
　　　④機関・施設の処遇プログラムの内容，利用者の種類，取り扱う問題の範囲
　　　⑤職員の勤務内容，役割，利用者の援助方法
　(2)　機関・施設を取り巻く地域社会を理解しよう。
　　　①地域社会の人口や歴史，主要産業
　　　②住民の方言，教育レベル，職業，収入
　　　③交通の便の良し悪し
　　　④地域社会の関心事，犯罪率，問題の種類
　　　⑤地域社会にある教育機関，福祉機関・施設，宗教団体，企業等の数と場所，サービスのプログラム内容
　(3)　福祉機関・施設内のスタッフの関係を理解しよう。

　その他に予算についても検討する必要があります。福祉施設や機関で体験ボランティアをする場合には，交通手段や交通費などのことを考慮しなければなりませんが，自主的に新しい企画を立てて実施する場合には，場所や必要な物品の一つひとつについて予算が必要になる場合もあります。その際には，相当前から企画書を作成し，場合によっては支援団体等に補助金の申請をするということもありますから，1年も前から計画することも必要になってきます。
　以上のように，福祉実習の事前学習的な体験ボランティアは，多くの学びのチャンスとなります。単に施設に行って活動だけをすればいいのではありません。たえず問題意識を持ちながら体験をし，日々の記録は必ずとり，その成果はレポートとしてまとめましょう。

② 計画の実践

　計画の実践は，社会福祉直接援助活動においては「介入（Intervention）」，社会福祉間接援助活動においては「計画の実践（Intervention）」と位置づけられます。

社会福祉直接援助活動の計画の実践は，以前は処遇，社会治療と呼ばれ，対象者はパーソナリティに問題があるととらえられ，ソーシャルワーカーはその治療を行う存在と考える傾向が強かったのです。しかし，近年対象者の主体的生活を重視する見方に変わり，援助の実施を介入と呼ぶようになりました。このような考え方の変化により，ソーシャルワーカーの援助への関心は，対象者だけでなく，対象者を取り巻く環境，対象者と環境の相互関係にも向けられるようになってきています。それにより，問題解決は対象者自身によってなされるものであり，ソーシャルワーカーは対象者の問題解決の過程を信頼関係を背景として専門的立場から援助する存在だと理解されてきています。

　したがって，この基礎にあるソーシャルワーカーと対象者との関係は，ソーシャルワーカーの専門的権威と，ソーシャルワーカーが対象者の権利を擁護する姿勢のなかから形成される信頼関係であると言えます。対象者のソーシャルワーカーに対する依存関係であってはならないのです。

　なお，ここでは，基礎福祉演習としての計画の実践について，社会福祉直接援助活動を中心に説明していきます。

1　基礎福祉演習としての計画の実践とは

　基礎福祉演習としての計画の実践は，これまでの学習の総まとめとして位置づけられています。したがって，前節の満たされないニーズに対するサービスの計画に基づく実践が基本となります。この実践のなかで，将来のソーシャルワーカーとしての適性と感性を知り，育くむため，実習の前にボランティア実践として行われるものです。

2　実践先の選定

　実践先の選定は，上で説明したように，満たされないニーズに対するサービスの計画に基づいての実践が基本となります。しかし，施設・機関の都合や，休暇期間の活用などの事情がありますので，新しく目標を設定しての実践も良いでしょう。

実践先情報の収集

　実践を効果的なものにするためには，各人の興味・関心・学習目的に合った領域を選定することが重要になります。そのための情報を収集することが必要になります。ここでは情報収集の方法を五つ紹介しておきます。

(1) 市町村の社会福祉関係窓口が一番身近な窓口です。市であれば福祉事務所・社会福祉課を，町村では福祉課・住民課を訪ねてみましょう。地域全体の情報が確保されており，知りたい情報がかなり容易に把握できると思います。

(2) 社会福祉協議会ではボランティアセンターが良いでしょう。ボランティアに関する具体的な情報が得られます。

(3) インターネットの活用は，簡単便利な情報探索の方法ではあります。しかし，一方的な情報であるため限界があります。

(4) 学校の実習指導室・就職指導室の資料，ボランティア情報は，身近で利用しやすいので活用してみましょう。先輩たちの直接的な経験や実践記録などが保管されており，すぐに役立つ資料・情報が得られると思います。

(5) 知人・近隣等からの情報も役立ちます。福祉関係の職場に勤務する方が増えていますので，活用するとよいでしょう。しかし，客観性に欠ける場合があることも承知しておくことが必要です。

実践の形態・場所

　実践の形態としては，福祉関係施設等での実践が主流を占めますが，自主企画事業・ボランティア募集事業への参加実践も考えられます。実践場所も施設のほか，団体，学校，病院，NPO法人など多様に存在します。既成の施設や機関では，すでに決められている流れやプログラムに沿って実践できるため，安定した実践が可能になります。有意義な実践をするために丁寧に検討してみることが必要です。ここでは実践先として五つ挙げておきます。

(1) ニーズ探索において面接調査先となった施設等での実践です。社会福祉援助技術習得の基本的流れに即した形態で，満たされていないニーズに視点を合わせた効果の高い実践が見込まれます。

(2) 福祉関係施設・機関が挙げられます。福祉関係の施設・機関の現状を理解することができ，近年施設も増加していることから身近な地域を知る機会にもなります。NPO法人，無認可保育所・学童保育など，社会福祉法人以外で社会福祉サービスを行っている施設も含まれます。

(3) 学校での実践もあります。障害児の教育状況を理解するため，特別支援学校等での実践となります。

(4) 自主企画によるフォーラム・講演会等の運営実践があります。社会活動の豊かな学生が学習を踏まえながら関心のあるテーマを決め，個人またはグループで取り組むことが期待されます。企画力，関係者への交渉力等が養えますので積極的に挑戦してみましょう。

(5) ボランティア募集事業への参加実践とは，団体や機関等が児童や障害者を対象に企画した事業にボランティアとして参加し，スタッフの一員として活動することです。高い目的意識を持っての参加であるだけに，自己啓発が期待できます。
　　例：100 km徒歩の旅・ふれあい感動冒険隊

実践先への依頼

　実践先を決めたら，遅くとも実践希望日の3週間前までには実践先と連絡をとり，受け入れの都合を確認します。初めての施設においては事前に手紙で自己紹介をし，実践概要について知らせておくとよいでしょう。その後，電話または訪問して具体的な打ち合わせをします。また，家族や知人の協力を得た場合も紹介者任せにしないで，実践する本人が実践目的，期間，実践希望内容等を責任者に伝え，意思のくい違いがないようにします。打ち合わせのときに，施設側からの実践にあたっての留意事項についても確認しておきます。なお，最初の連絡をとるにあたって，必要な場合は大学からの依頼文を活用するようにします（依頼文参照161～162頁）。

実践期間

　大学等の方針・学生の意向により実践期間は異なりますが，一般的には3日間以上となります。毎日の実践の目標を定めておかないと不安に満ちた日々を過ごすことになりますので，基本となることを挙げておきます。
　まず1日目は，施設，関係者，対象者との関係づくりに努めます。また，

全期日を通じて実践目標を意識して実践します。2日目以降は，対象者との関わりを深めます。最終日は，実践の仕上げを意識し，全体を客観的に評価します。

3 実践の場で求められる援助活動の実践

　実践の場で求められる援助活動は，掃除のような単純な活動から，レクリエーション指導など専門性のある活動に至るまで多様です。これらの活動をするとき，対象者が誰であっても共通して適用される基本的な留意点を挙げてみます。

(1)　安全の確保は，援助活動を展開するとき最も注意しなければならないことであると覚えておきましょう。特に，対象者が高齢者・障害者・児童である場合，実践活動を行う物理的環境で，身の安全を脅かす危険なものがあるかどうかを確認することは，何よりも大事なことです。

(2)　対象者に対する尊厳と理解を持って活動を行いましょう。人は自分が尊敬され，理解されていると感じると，自然に心を開き，親密な関係が形成しやすくなります。対象者を特別に取り扱い，何かをしてあげる存在として考えるのではなく，実践者である自分と一緒にやっていくパートナーとして受け入れると，援助活動の難しさは軽減されることになります。

(3)　身の回りのことは，できない範囲のことに限って手伝うようにします。できないことはできないこととして認めてあげ，安心して頼れるようにすることも必要です。また，自分でやってみようとする試みも大切にし，見守ってあげるようにします。

(4)　一人ひとりの個性を尊重・理解し，その人に合った活動を行うことが求められます。対象者の個性，好み，要介護度，家庭環境，学力，友人関係などを把握し，その人を活かしながら活動ができるように気を配ります。

(5)　実践にあたっては，常に自分の中に問題意識を持って臨み，実践の後は自分の実践に対して評価をすることです。実践を通して，現在自分に求められていることは何か，満たされていない対象者のニーズは何か，

それを満たす方法は何かなど，常に問題意識を持って行います。そして実践の計画のとき立てた目標を達成しているかどうか，達成できなかった項目は何か，計画が適切であったかどうかを評価することを忘れないようにします。

4 実践における基本的姿勢

初めての実践を通して体験しながら，基本的に学ばなければならないことがあります。ここではすべての社会福祉領域，すべての対象者に共通することだけを選定し，紹介することにします。それは，①対象者との初めての接し方，②良い関係づくりと信頼関係の形成，③良いコミュニケーションの形成，④実践の場で求められる援助活動の実行，⑤職員との接し方などが挙げられます。

対象者との初めての接し方

実践初日は何をしてよいのか，対象者とどう接し，どう対応したらよいのかが分からないため，緊張し，不安を感じるでしょう。初めて接することを通して，実践者と対象者が互いを評価し，初めての印象を形成するからです。まずは，心を安定させ，落ち着いてあいさつすることから始めます。事前に自己紹介ができるようにロールプレイなどを通して練習しておくと，楽にできると思います。積極的に話しかけてくれる対象者に戸惑ってしまうことがあるかもしれませんが，笑顔で答えましょう。自然に緊張感がほぐされると思います。

良い関係（ラポール）作りと信頼関係の形成

実践者ができるだけ早く対象者と良い関係を形成し，ラポールが成立すると，良い実践の出発に役立ちます。そうするためには，対象者の一般的な特徴・接し方などに関する知識の習得や情報の収集など，事前に準備をしておくと助かります。対象者の名前を早く覚え，親近感を持たせること，自分を対象者に早く覚えてもらうため，名札をつけることも役立ちます。

良いコミュニケーションの形成

良いコミュニケーションをとるためには，常に対象者の要望や感情をすばやく読み取り，それに対して敏感に適切に反応することが求められます。

具体的な留意点を挙げてみます。

(1) 最初は対象者が重視していることや話したがることから始めます。
(2) 対象者に催促しないようにします。困難な問題や感情を話すときには，相当の躊躇と十分な沈黙が必要であることを認めてあげます。
(3) 実践者の使う言葉は，できるだけ対象者のペースに合わせるように努めます。
(4) 開いた質問をし，対象者が多く話せるようにします。
(5) 対象者が答えにくいと予想される質問は，可能な限り避けます。強いられた質問は，対象者にうそをつかせる危険を伴うからです。
(6) 対象者から感じとれる非言語的メッセージ（衣服，姿勢，顔の表情，自分独自の身体的言語）も留意する必要があります。場合によっては，非言語的メッセージが言語的メッセージより対象者を理解するのに役立つことがあります。
(7) 対象者が認識していることに関して，随時確認しながらコミュニケーションをとるようにすることです。実践者が言っていることを対象者がどれくらい理解しているかを常に確認しながら，話を進めていくことにしましょう。

これ以外にも，良いコミュニケーションをとるための技術として，共鳴・共感，最小限度の励まし，強調，言い換え，要約，反復などがあることを理解しておきましょう。

職員との接し方

実践は，将来の職場となる可能性の高い，社会福祉現場に現在勤めている先輩の方々と，身近に接する機会となります。職員の方々は，皆さんが立派な未来の社会福祉従事者になるための手本を見せ，学ばせてくださる重要な役目を担う貴重な存在です。したがって職員のやり方を見ながら多くのことを体験し，実感し，自分のものにすることが望まれます。いつも学ばせてい

ただくという謙虚で礼儀正しい姿勢を保ちながら積極的に取り組み，分からないことがあったら丁寧に質問し，疑問を取り除くようにします。特に，初歩の実践者にとって，判断や決定をすることが難しいときには，躊躇せず職員のアドバイスを求め，対応するようにしましょう。分からないことは恥ずかしいことではありません。むしろ聞かずに過ちを犯すことが恥ずかしいことです。このようにして実践現場の職員の方と良い関係を保ちましょう。職員のミーティングに参加させていただくことも，学ぶ点がたくさんあると思います。

5 実　践

期待と不安の実践になりますが，その内容は，施設・機関・事業によって異なります。しかし，対象者によって共通するところが多々ありますので，多くの施設での支援の流れと，そこでの活動について理解できるよう，高齢者・障害者施設，児童養護施設，保育所，学童保育，事業参加について例示しておきます。

高齢者・障害者などの施設
- 一日の実践の流れ

職員にあいさつ→打ち合わせ→対象者にあいさつ→掃除→入浴支援→介護支援→昼食介助→レクリエーション→コミュニケーションのような順になります。
- 掃除

掃除とは，廊下・居室・トイレの清掃，草むしり，ガラス拭きなどを指します。部屋の掃除の場合，掃除内容は，ほうきで掃き，モップで拭くといった簡単なことに思われがちです。しかし，部屋の中には，まだ寝ている方もおられたり，寝たきりの状態で身動きが全然とれない方もおられるなど，まちまちです。そのときは，掃除のため，対象者を起こさないように静かに行うこと，ほとんど会話ができない状態の方にはやさしく声をかけながら掃除をすることなどが必要でしょう。
- 食事介助

口に入れるタイミングが大事であり，緊張しますが，対象者にとっては楽

しい時間であること，人により好みがあることを念頭に入れておきます。「食事介助は初めてですがよろしくお願いします」など，声をかけてから行うとよいでしょう。また，「たくさん食べて元気になってくださいね」など，対話を忘れないようにします。
- レクリエーション

　毎日どの施設でも，ボールけり，風船たたき等，工夫され実施されています。なかでもカラオケ，歌唱は，一番の人気ですので，高齢者が若いときに歌ったと思われる歌を覚えておくとよいでしょう（例：北国の春，四季の歌，りんごの唄，青い山脈，昔の童謡など）。また，歌っていない対象者の耳元で歌い，参加を促すなど工夫をしてみます。
- コミュニケーション

　傾聴する，話し相手となるときに，会話に行きづまり，戸惑うことが多々あります。普段から祖父母など高齢者との会話を多く持ち，また，新聞の読者投書欄などを参考に話題を用意しておくようにします。認知症の方も特別視せず，納得できるような声かけで対応します。なお，言語的なコミュニケーションに限定しがちですが，非言語的なコミュニケーションについても勉強していくとよいでしょう。

児童養護施設

　児童の施設は2歳から18歳までと，年齢差のある児童が利用しています。実践の基本は，児童の年齢に応じた対応であり，自発性を尊重した関わりになります。しかし，被虐待児で愛着形成不全の児童もたくさんいますので，必要とする援助に大きく差があります。職員の方に一人ひとりの接し方について教えていただいてから丁寧に関わるようにしましょう。保護するとともに自立支援の視点で指導が行われていますので，事前学習を十分にしておきましょう。
- 一日の実践の流れ

　職員にあいさつ→打ち合わせ→児童にあいさつ→学習支援→掃除→昼食→レクリエーション→コミュニケーションのようになります。
- 身支度

　幼児・年少児については，ほめながら手を出し過ぎないように支援します。

- 言葉遣い

  職員に関わり方について指導を受け、見習うようにします。幼児でも「殺すぞ」「死ね」「帰れ」など過激な言葉を発することがありますが、意味を理解しないで使ったりするので驚かないことです。自然に聞き流すか、「汚い言葉は使わないようにしようね」といって話題を変えます。

- 学習支援

  基本を教えるようにし、手伝い過ぎず自主的学習を支援します。

- コミュニケーション

  児童によっては必要以上に近寄ってくることがありますが、それにはある程度応えるが、度が過ぎた場合は「○○ちゃん、可愛くて好きなのだけど、いま体の調子が悪いの」などと説明し、離して終わらせます。

  被虐待児についてはまずは受容することが求められますが、短期間の実践では無理をしない関わりとします。

  中高校生は無視したり、関わりを持ちたがらない傾向がありますが、無理をしないようにします。

- けんかへの対応

  けんかへの対応は大変難しいものです。年齢に応じて異なりますが、簡単な場合は、きちんと児童の目を見て双方の意見を聞き注意します。無理な場合は職員の協力を得ます。

保育所

地域にあり、幼児期に通った思い出のある人も多いでしょう。発達年齢により対応が異なりますので、事前に発達段階を学習しておきましょう。

- 一日の実践の流れ

  職員にあいさつ→朝のミーティング→児童出迎え→自由遊び→昼食→昼寝→おやつ→レクリエーション→自由遊び→児童見送りのようになります。

- 自由遊び

  児童の主体性を尊重して丁寧に観察します。多くの子に「来て」「来て」と誘われたとき、「順番に行くからね」と説明し、1か所に長居しないようにします。児童の様子を観察し、必要に応じ声かけし、遊びに誘導することを配慮します。

- 昼食

1〜2歳児は給食，3〜5歳児はご飯を持参することが多いようです。食事は児童と一緒にとるが早く食べ，遅い子に「おいしいね，先生はもう終わったよ」「早く食べてからお話をしましょうね」などと声をかけます。
- 昼寝

　早く眠ることができるようにお腹をぽんぽんと叩いてやるのもよいでしょう。保育士は連絡帳の記入等で忙しいので，積極的に手伝いましょう。
- レクリエーション

　実践する機会がありますので，得意なものを準備しておきます。折り紙は見本を見せて折らせます。予習をしておくと落ち着いてできます。紙芝居は話しかけながらゆっくりと読みます。本の読み聞かせは年齢に適した教材を選び，児童に向かって話します。

学童保育（放課後児童クラブ＝放課後児童健全育成事業）

　市町村や保護者の団体，NPO法人が運営主体となっているところが多いようです。指導員が少なく，経験に大きな差があります。また，対象学年，開所時間も異なりますので事前に見学しておきましょう。
- 一日の実践の流れ

　指導員にあいさつ→児童にあいさつ→学習支援→おやつ→自由遊びのようになります。
- 自由遊び

　児童と一緒に遊ぶときも，支援する立場であることを自覚して行動します。
- 学習支援

　すぐに答えを教えるのではなく，ヒントを与え考えさせるようにします。

ボランティア募集事業への参加実践

　多様な事業がありますので，事業の目的をしっかりと把握しスタッフとしての役割を果たすとともに基礎福祉演習の実践であることを自覚して参加します。
- 事業を安全に実施するために事前の打ち合わせ会，事後の反省会があります。また，企画段階からの参加となる事業もあります。安易な参加ではなく責任ある実践が求められます。

- 事業の実施当日にあたっては，参加者への臨機応変な対応が期待されます。
- 児童や障害児対象の事業では体力を必要とすることが多いですので，心して参加しましょう。

ボランティア実践は多様な体験をもたらします。上記のことを踏まえて，実践日・施設・目標・留意事項等を整理し，心と健康状態を最良にしてボランティア実践に臨みましょう。実践は福祉の現場を知ることにより，多くの学びと大いなる自己成長が期待できます。

③ 評　価

1　評価とは何か

　私たちは，日常生活を送るなかで他者から何らかの評価を受け，また評価を主体的に行っています。身近な例で考えてみると，友人同士の会話の中で，「あの人は話せる人だ」「友達づきあいが良い人だ」などと他者の評価を行ったり，「あのお店の商品は安くて，物が良い」等，商品に対する評価を行っています。以上のような会話の中に見られる評価は，特別にその評価の行為に対して指標や基準といったものが存在するわけではなく，あくまで個人的な価値判断や経験によって成り立っている評価であると言えます。これらのような日常生活上，人びとが行う評価については，それがいかに主観的であり，不確かな基準によるものであったとしても，日常生活を営むうえでそれほど大きな障害や影響を受けるとは言えません。このように，評価について考えた場合，それは私たちにとって日常的行為であり，特別なものではないと言えるかもしれません。

　ところが一方で，評価の意味合いがまったく違った性質を持つ場合も考えられます。

　次のようなケースを考えてみましょう。

表5-2　趣味の調査

	A	B	C	D
スポーツ	20	6	9	8
読　書	6	33	7	8
音　楽	7	14	29	10
映　画	9	7	8	24

　これはある学校で，趣味についての調査を行ったものです。クラスは，A，B，C，Dの4クラスです。調査結果を整理したものが上記の表になります。各クラスの趣味傾向は同じであると言えるでしょうか。

　このようなケースを評価する際には，ある一定の基準と法則が必要となります。その場の感情や体験（場合によっては体験や流行も重要な要因とはなりますが）に売り上げが左右されては，社会経済活動の中で生き残っていくことは難しくなります。売り上げについての調査結果を十分に吟味し，一定の法則の中から戦略的に消費者のニーズに応じた商品を提供することが望まれます。

　次のケースはどうでしょうか。

表5-3　高齢者の平均寿命

平均寿命（年）	たんぱく質摂取量（g）	医療費の割合（％）
65.7	3.27	69.7
67.8	3.06	69.7
70.3	4.22	71.3
72.0	4.10	77.6
74.3	5.26	81.0

　これは，ある地域における高齢者の平均寿命とたんぱく質の摂取量，また1人当たりの所得に対する医療費との割合について調べたものです。このデータから長寿の秘訣となる因子を抽出するには，主観的なその場の見解や経験だけでは見えてくるものも見えなくなってしまいます。ここでもやはり一定の法則に基づいた解釈や法則が必要となります。

　二つのケースを見てきましたが，それぞれから分かるとおり，私たちの日常生活の中には，経験や主観的な価値観で評価できる日常的で経験的な評価と，ある一定の指標や正確な基準を持って評価を行わなければならない場合が存在しています。

　それでは，ソーシャルワークの援助過程における評価とは，どのようなことを指すのでしょうか。

第5章　ニーズに対するサービスの計画

　ソーシャルワークの援助過程における評価とは、ソーシャルワーク実践において、ソーシャルワーカーが各クライエント、もしくはクライエント・グループとともに行ってきたことを、クライエントのニーズに基づいて決定した目標と照らし合わせて振り返ることを指します。一般化する目的で行う特定の仕事の手順や方法の妥当性を確かめる試み、という意味での正式な調査を差すものではありません。

　ソーシャルワーカーの行う援助過程に照らして言えば、評価は、「調査―アセスメント―援助―評価」というソーシャルワーク過程の最終段階に当たり、どのようなソーシャルワークの介入も、評価を持って終わるものであると考えられます。しかし、ここで注意したいのが、評価は、必ずしも援助の最後段階に限ってのみ行われるものではないということです。つまり、アセスメントに基づき計画された目標に向かって展開されている援助過程において、評価はその過程の中で絶えず行われる必要のある重要な要素であると言えます。クライエントに対する援助過程の中で、ソーシャルワーカーはその介入やアプローチがクライエントに対してどのような意義、効果があったのかを振り返ることが必要です。援助開始時に設定した目的や目標が計画に沿って実行されているか、また、その目的や目標が援助を展開しているうえで適切であるか、それとも計画や問題について別の新たな問題や、クライエントの状態・環境の変化、資源利用の可能性変化に照らして修正する必要はないのかどうかを知ることが大切になります。このような振り返りを経て初めてソーシャルワーカーは、現在進行している援助が本当にクライエントにとって有益なものとなっているのか、クライエントのニーズの充足と目標の達成に向け取り組まれているのかを確認することができます。

　これまで述べてきたソーシャルワークの援助過程における評価には、援助の過程を評価する過程評価（モニタリング）と、援助計画の最終的な効果を測定する結果評価（エバリュエーション）があります。

　過程評価（モニタリング）とは、クライエントに対する援助の過程において、援助活動そのものが、アセスメントに基づいて当初の計画、目標どおりに展開されているかどうか、また展開されているとしたら、その計画がクライエントにどのように作用し効果をもたらし、変化が見られるのかを確認・点検し、またはその確認・点検作業を基に過程の修正を行うための振り返りのことを言います。

それに対して結果評価（エバリュエーション）とは，効果測定であると言い換えることができます。つまり，アセスメントに基づき実施された援助計画によって，クライエント，またクライエント・グループの抱える問題がどの程度解決できたのか，どの程度ニーズを満たすことができたのかを確認する作業になります。

2　評価の方法

　ソーシャルワーク援助過程の評価を行う場合，クライエントの抱えている問題や目標が，数値などを用いて客観的に測定できるものであれば，援助過程における評価（モニタリング），結果評価（エバリュエーション），どちらにしても何らかの援助の再構築，また終結に向けた具体的指標を得ることができます。

　しかし，クライエントの抱える問題や課題は，必ずしも客観的な指標で測れるものとは限りません。たとえば，上肢の筋力向上を目標にリハビリテーションを行うという援助を実施した場合，リハビリテーションにどの程度の頻度で通い，それに伴う筋力の増強を援助者が確認することができたか，それを評価の指標とすることができます。このようにクライエントの変化についてソーシャルワーカーが直接的に観察できる方法を，観察型測定法と言います。

　しかしながら，PTSD（心的外傷後ストレス障害）などのように，精神的，心理的ストレスや問題を抱えたクライエントへの援助過程においては，それらを評価するにあたっては，クライエント自身の主観的評価を重視することもあります。このような場合，評価を行うには，ソーシャルワーカーはクライエントの言葉に耳を傾け，クライエントと共に互いのためにしてきた行動について評価を行うことが重要となります。クライエントの感情や思考をできるだけ表出できるよう，ソーシャルワーカーはクライエントへ働きかけることが大切です。このようなクライエントの言葉による評価を，報告型測定法と言います。

　次に，さらに具体的な評価のための調査方法について触れてみたいと思います。評価は，クライエントのニーズを満たしたかどうかを判断し，特定の援助方法が普遍的な有効性を持っているかどうかを判断するというように，

第5章　ニーズに対するサービスの計画

表5-4　シングル・システム・デザインと集団比較実験計画法の比較

	シングル・システム・デザイン	集団比較実験計画法
1　クライエントの数は	1人、1つのグループ、集合体。	最低限2組の集団。理想的には一般人口（母集団）から無作為に選ばれ、集団間の変化性の管理のために無作為に分割された最低限2組の集団。
2　いくつくらいの資質が測定されるのか	多くの資質から、限定された小数。	研究目的によって変化する。通常多くの項目が含まれている。
3　おのおのの資質のいくつくらいの測定器具が使用されているのか	変化する。理想的に1つの資質に2つ以上の測定器具。	変化する。理想的に1つの資質に2つ以上の測定器具。
4　測定される頻度は何回くらいか	頻繁で定期的。介入時限前、介入時、介入時限後。各時限を超えた行動変化が観察されることを前提としている。	数回。通常介入前と介入後。
5　調査目標の設定は誰がするか	目標は通常クライエントによって選ばれワーカーによって同意され、目標の操作定義がされる。	目標はしばしば調査者によって決められる。時には施設・機関、ワーカーなどが相談を受ける。
6　フィードバック	重要な要素の一つであり、即座に起こる。進歩のモニターと介入の改善に寄与する。	調査が終結するまではフィードバックはほとんど得られない。
7　信頼性	通常2人目の観察者を加えることによって測定の信頼性が増す。内在的一貫性を調べる方法を標準化された測定器具に使用する。	すべての信頼性の試験方法を使用することが可能。
8　妥当性	観察方法などの直接的な方法を使用することによって妥当性が高くなる。	すべての妥当性の試験方法を使用することが可能。
9　調査結果を介入に使用できるか	即時と直接。データの収集、解釈、介入の改善にクライエント、ワーカーを関連することが可能。	間接的である。多分に現在のクライエントの利益にはならない。多分に将来的に同じ問題を抱えた人々にとって利益になることが考えられる。
10　調査費用	比較的定額の費用が必要。ワーカー自身の時間と少しの努力を必要としている。	比較的高額の費用が必要。専門調査員、データ収集、分析などに時間と費用がかかる。

出所：平山尚ほか『ソーシャルワーク実践の評価方法』中央法規出版、2002年、42頁。

援助の結果から援助方法の有効性を判断するものであるとも言えます。このような援助実践における評価の意義について、以下のようにまとめることができます。

(1) ソーシャルワーカーがクライエントに，援助技術による効果があったかどうかを示す意義
(2) クライエントのみならず，一般市民，社会全般に対しても，実践行為にどのような効果があるかを示す意義
(3) 効果があると実証された方法を実践に使用し，実践行為の質を向上させる責任への意義

　評価のための調査方法，言い換えるならば効果測定の技術には，代表的なものとして，シングル・システム・デザインと，集団比較実験計画法とがあります。

　シングル・システム・デザインでは，援助実践の効果を，①目標となる行動，態度，情緒に変化があったかどうか，変化があるならばどの程度の変化があったか，②行動，態度，情緒の変化が認められたとき，それは介入による結果であるかどうか，という視点で評価を行います。

　シングル・システム・デザインでは，目標に向けアセスメントの時期から介入が終結するまで，何回も一定の時限間隔を置いて同じ変数，または問題の測定を行うことが特徴であると言えます。クライエントの問題を測定できるように具体的な表現を行い，客観的に測定，または観察できるようにします。そして信頼性と妥当性を持つものとなるようにすることが，その有効点として挙げられます。

　評価のための調査方法についてまとめられた表5-4で，それぞれの特徴を確認してみましょう。

3　評価の過程

　援助の計画および実践において「評価」がいかに重要であるかが，これまで述べられてきたなかで大まかに理解できたと思います。評価とは，一言で言えば今後の援助計画・実践を進めるために「何が必要か」を理解する前提として，現段階での状況を客観的に判断することであると言えます。より良い援助を提供するためには，客観的な評価結果から今後の援助計画の方向性を決定しなければなりません。場合によっては，計画をすべて白紙からやり直す必要になるかもしれません。それはともかくとして，援助計画・実践に

対する評価を真摯に受け止めて，次の援助計画・実践につなげていく努力をすることがソーシャルワーカーには求められます。

前に評価の意義・方法について説明がありましたが，今度は具体的にどのような過程で評価を展開すればよいのかを説明したいと思います。学生自身で計画して実践した援助サービスを，この過程に従って評価してみて下さい。そこから，今後の援助計画の課題が見えてくると思います。

評価の事例――障害者青年学級

ここでは，主に都市部の公民館を中心に事業展開されている「障害者青年学級」を事例に取り上げてみたいと思います。障害者青年学級は，1950年代に障害児を対象とした特殊学級の教師や保護者が中心となって設立された東京都墨田区の「特殊学級同窓会」が始まりであると言われています。養護学校が義務化されていなかった当時，特殊学級を卒業した児童および保護者が直面したのは，就業場所を確保することの困難さとともに，友人を作るなど余暇を過ごす場所がないという現実でした。特殊学級の卒業生の「仲間作り」の場所として考え出されたのが，障害者青年学級の前身である特殊学級同窓会でした。その後，障害者青年学級は町田市や国立市で独自に発達し，主に知的障害者の余暇活動を支援する現在の在宅福祉サービスの先駆的事例として根づいてきました。

東京都や埼玉県など大都市近郊を中心に発達してきた障害者青年学級事業ですが，近年群馬県内や栃木県内でも実施する自治体が増えてきました。ここでは，実際に計画・実施された障害者青年学級の事例を評価の対象にしてみたいと思います。

実施期間および日時：平成〇年4月より1年間，毎月第3日曜日（10:00〜15:00）に実施
実施場所：〇〇町公民館
対　　象：町内在住の在宅知的障害者9名，公民館職員3名およびボランティアスタッフ4名
援助目標：在宅知的障害者の生きがい作り（余暇支援）
援助内容：レクリエーション（事例の対象日は利用者の要望により，午前中はピザ作り・午後は陶芸）

援助方法：主にグループワークの方法を採用する。

評価の過程について――5つのWと1つのH

　何か英文法の授業で聞いたようなタイトルをつけてみましたが、「5つのWと1つのH」とは英語の頭文字そのままに、①誰が―who, ②何処で―where, ③誰を―whom, ④いつ―when, ⑤どのような方法で―how, ⑥何が達成できたか―what, のことを指します。この6つの過程を経て、自身が計画・実践した援助を評価してみて下さい。簡単に、各過程でどのような評価をなすべきかを、事例を通して説明してみたいと思います。

誰が―who（人的資源）

　自分自身が果たした役割について考えます。どのくらいこの援助計画・実践のために時間的、身体的、知的貢献をすることができたのか。そして実践から何を学んだのか。実践を通して自分自身に足りなかった知識は何か、などを評価します。
　〔事例の評価〕
　利用者や他のボランティアスタッフに支えられて、違和感なくグループを形成することができました。しかし、1人だけ集団の環境に溶け込むことができずに音楽ヘッドホンを離さない利用者がいました。「一緒に参加しましょう」と声かけをするが、かたくなになって参加を拒否している様子でした。グループ全体の運営のみを意識していて、個々の利用者の把握までは意識していなかったことに気づきました。

どこで―where（場所的資源）

　援助が行われた場所は適切であったか。次にこの援助を計画・実施する場合、同じ場所を使うことは問題ないか。問題であるとしたら、どのような場所が適切かなどを評価します。
　〔事例の評価〕
　会場は、町内の公民館でした。主催者が公民館であることと、利用者全員が町内在住であるため必然的な選択であったと言えます。ピザ作りに必要な調理器具は完備されており、全員が役割を持って参加できるほどの広さも兼ね備えていました。陶芸においても集会所を使うことができ、広さなどは問

第5章　ニーズに対するサービスの計画

題ない様子でした。援助の計画内容によって判断は異なるが，今回と同じ規模・人数で実施するとすれば，次回も同じ会場で問題ないと思われます。

誰を―whom（利用者）

人的・場所的・金銭的資源を省みて，利用者の人数は適切であったか。もっと人数を少数にしたほうがよかったのではないか。あるいは，もっと多くの人を対象にできたのではないか，などを評価します。

〔事例の評価〕

町の広報を通じて参加者を募集したところ，9名の利用希望者と4名のボランティアが集まりました。利用者9名に対して援助スタッフが7名配置されているので，現段階では十分対応できていると思われます。しかし，町内には80名近くの在宅知的障害者が居住しており，余暇を持て余している人が，さらに多くいるものと推測されます。今後新たにニーズ調査を行い，広報のみならず地域支援コーディネーターを活用して宣伝していく必要があります。その結果，利用者が増加した場合，ボランティアスタッフの募集についても同時に行う必要があります。

いつ―when（期間）

サービス提供者および利用者の生活状況を考慮して，サービスを提供した時期や日時は適切であったか。また，サービスを実行した時間，期間は適切であったか，などを評価します。また，次に同じサービスを提供するとしたら，どの時期にどの位の期間で提供するのか，などを検討します。

〔事例の評価〕

現在は，月1回第3日曜日を開催日に設定しています。毎回のように本人のみならず保護者から「もっと回数を増やして欲しい」との要望があります。利用者のニーズがある以上，専門職である社会教育主事は，それを充足していく努力をしなければなりません。仮に開催日を月2回に増やす場合，ボランティアの参加状況のみならず予算面についても考慮する必要があります。

どのような方法で―how

実行した援助計画は，利用者のニーズに応えられる内容であったか。Yesなら，どの程度ニーズを満たすことができたか。Noなら，どのような方法

117

をとったらよかったのかを評価します。

〔事例の評価〕

今回の援助計画の大きな目標は，在宅知的障害者の「生きがい」作り＝余暇支援です。その目標のために，公民館が主催し障害者青年学級を開設しました。余暇を充実したものにするためには，コミュニケーションがとれる仲間および場所が必要です。公民館であれば，誰でも容易に利用することができサロン的な空間を提供することができます。その意味において，社会教育分野で発展してきた障害者青年学級は，在宅知的障害者の余暇支援において適切な援助方法であると言えます。

何が達成できたか―what

先に述べたように，今回の計画の目的は，在宅知的障害者に「生きがい」を持たせることでした。その第一歩として最初の数か月は，利用者同士の仲間作りといった目標が今回の事業の目標に据えられました。

達成度を明確にするためには，客観的尺度による調査が必要になってきます。具体的な方法としては，実践のはじめと終わりに簡単な調査テストを実施してみるのが効果的です。実践のはじめに行うテストをプリ・テスト，終わりに行うテストをポスト・テストと言います。プリ・テストおよびポスト・テストの結果を見て，クライエントにどのような変化があったのかの判断が可能になります。それによって，「何が達成できたのか」（ここでは利用者間の交流関係は構築できたのか）を判断します。

注

(1) 大橋謙策編集代表『福祉科指導法入門』中央法規出版，2002年，1～3頁。
(2) 岩田正美・上野谷加代子・藤村正之『ウェルビーイング・タウン 社会福祉入門』有斐閣，1999年，76～85頁。
(3) 日本社会福祉実践理論学会編『社会福祉基本用語辞典』川島書店，1996年，127～128頁。
(4) 京極高宣監修『現代福祉学レキシコン（第2版）』雄山閣出版，1998年，150～151頁。
(5) 同前書，150頁。
(6) 岩田正美・上野谷加代子・藤村正之，前掲書，85頁。
(7) 上田征三・長崎和則・長岡道代『障害者の社会生活支援のニーズと対応に関する研

究』平成10年度富士記念財団社会福祉研究助成金研究成果報告書，2001年，9～92頁。
(8)　同前書，67頁。
(9)　笹沼澄子監修・大石敬子編『子どものコミュニケーション障害』大修館書店，1998年，84頁。
(10)　山辺朗子『個人とのソーシャルワーク』〈ワークブック社会福祉援助技術演習2〉ミネルヴァ書房，2003年，45～49頁。
(11)　同前書，45頁。
(12)　東京福祉大学『基礎福祉演習Ⅰ・Ⅱ』(東京福祉大学の講義のため作成しテキストとして使用してきた学内内部資料)，2001年，28～30頁。
(13)　平山尚・平山佳須美・黒木保博・宮岡京子『社会福祉実践の新潮流──エコロジカル・システム・アプローチ』ミネルヴァ書房，1998年，第10章参照。

参考文献

福祉士養成講座編集委員会編『社会福祉援助技術論Ⅱ』中央法規出版，2001年。
社会福祉実習研究会『社会福祉実習サブノート』中央法規出版，2001年。
小木曽宏・柏木美和子・宮本秀樹『よくわかる社会福祉現場実習』明石書店，2005年。
Sheafor, B. W., Horejsi, C. R., Horejsi, G. A., *Sosial Work Practice*, Allyn and Bacon, 1997.
平山尚・武田丈・藤井美和『ソーシャルワーク実践の評価方法』中央法規出版，2002年。
黒木保博・山辺朗子・倉石哲也『ソーシャルワーク』中央法規出版，2002年。
武井麻子ほか『ケースワーク・グループワーク』光生館，1994年。
藤田秀雄編著『ユネスコ学習権宣言と基本的人権』教育史料出版会，2001年。
永澤義弘「障害者青年学級の機能と諸問題」立正大学社会福祉学会編『立正社会福祉研究』第7号，2003年。
杉本敏夫・住友雄資編著『新しいソーシャルワーク』中央法規出版，2006年。
太田義弘・秋山薊二編著『ジェネラル・ソーシャルワーク』光生館，1999年。

第6章
成果発表

1 なぜ成果発表が必要なのか

　これまでの章でも述べられてきたように，社会福祉援助活動には，必ず事後の効果測定や評価を行うことが求められます。自分の実践が，対象となるクライエントやコミュニティ，共同体のニーズを本当に充足することができたのか否かについて，客観的に評価し，明らかにすることはきわめて重要です。実践と評価を反復することによって，専門職は自身の援助能力をさらに高めることが可能になります。さらには，その評価結果が対象となるクライエントやコミュニティ，共同体にフィードバックされることによって，新たな課題やニーズを発見することにもつながるのです。
　しかし，効果測定や評価の結果について，自分自身やクライエントのためだけに活用するだけでは十分とは言えません。専門職には，自らの援助活動の評価結果をレポートにまとめ，学会，研究会，事例発表会等において，広く社会に公表することが求められます。
　その意義は主に次の3点です。
(1) 援助活動から得ることのできた貴重な情報や発見を，より多くの人びとのために活用することができます。そのことによって，他の類似した問題を抱えるクライエント，コミュニティ，共同体に対する問題解決やニーズの充足に貢献することができます。
(2) 自己評価（援助者自身による評価）や当事者評価（クライエントからの評価）だけでは得ることのできない客観的な評価や批判を，多くの人から受けることができ，専門職としての資質向上に役立てることができます。
(3) 実践した援助方法が本当に効果的なものか否か，単一ケースの効果測定だけでは科学的に検証することは困難です。公表を通じて，多くの専門職が反復して実践，評価，結果を蓄積することによって，援助方法の普遍的な効果の有無を明らかにすることができます。
　本章では，これまでの演習，実践から得られた成果をレポートにまとめる方法について説明します。
　また，最終的なまとめとして，これまでの演習や実践から読者が学んだこ

とが，今後の4年間の学習の中でどのように活きてくるのか，活かすべきか解説します。

2 実践のまとめ方

1 レポート作成上の留意点

プライバシーを保護する

　社会福祉に関係するニーズや問題には，一般的に当事者にとって，他者に知られたくない，知られることで損害を受けかねない要素が含まれている場合が多く，レポートを作成する際には，プライバシーを保護することが重要な課題となります。

　社会福祉士，介護福祉士，精神保健福祉士，保育士等の社会福祉関係の専門職には，その職種の根拠となる法律によって，クライエントの秘密を保持する「守秘義務」を遵守することが求められています。さらには，2005年4月に全面施行された「個人情報の保護に関する法律」を受けて，厚生労働省や文部科学省等，各省庁による個人情報の取り扱いに関するガイドラインを策定しています。学生といえども，これらの法律やガイドラインの規制を受ける場合があるので，細心の注意が必要です。

　したがって，レポートを作成する際は，氏名，生年月日，住所，電話番号，顔写真等の特定個人を識別できる一切の情報について，除去もしくは匿名化するなどの処理を適切に行うことが求められます（顔写真については，目の部分にマスキングして，個人を特定できないようにします）。また，レポートを発表することについて，クライエントの事前承諾を得ることが必要になる場合もあります。

読み手を意識してまとめる

　書き手の伝えたいことを，誤解なく読み手に伝えるためには，読み手を意識した記述を心がけることが重要です。レポートを作成する際は，誰を対象として発表するのか，つまり「読み手は誰なのか」を常に意識する必要があ

【学術雑誌投稿規定の例】
1．投稿原稿は，図表・注・引用文献を含めて20,000字とする。図表は1点につき600字換算とし，図表込で20,000字以内を厳守すること。但し，1頁全体を使用する図表については1,600字換算とする。
2．投稿する原稿の執筆にあたっては，
　(1) 原則としてワープロまたはパソコンで作成し，縦置きＡ４判用紙に横書きで，1,600字（40字×40行）で印字した原稿を3部提出する。
　(2) 投稿に際しては，印字した原稿に3枚の表紙をつけ，本文にはタイトル（英字タイトル併記）のみを記載し，所属，氏名，会員番号を記載しないこと。
　(3) 表紙の1枚目には，①タイトル，②原稿の種類，③所属，氏名（連名の場合は全員），④会員番号（連名の場合は全員），⑤連絡先を記入する。なお掲載時には読者からの問い合わせを可能にするために，原則として連絡先（住所又は電子メールアドレス）を脚注に入れるが，希望しない場合はその旨を明記すること。
　(4) 表紙の2枚目には，和文抄録（400字以内）とキーワード（5語以内）を記載する（無記名）。
　(5) 表紙の3枚目には，英文抄録（200語以内）と英文キーワード（5語以内）を記載する（無記名）。
3．文章の形式は，口語体，常用漢字を用いた新仮名づかいを原則とする。
4．投稿原稿に利用したデータや事例等について，研究倫理上必要な手続きを経ていることを本文または注に明記すること。また，記述においてプライバシー侵害がなされないよう細心の注意をなすこと。
※日本社会福祉学会・機関誌『社会福祉学』執筆要領（2006年8月31日現在）より一部抜粋して引用

【学内レポート執筆規定の例】
1．縦置きＡ４用紙に横書きで，1頁の字数を1,200字（40字×30行）に設定し，総計3,500字以上5,000字以内で原稿を作成すること。
2．表紙をつけ，タイトル（テーマ及び内容を簡潔に表現したもの），所属専攻，学年，学籍番号，氏名を明記すること。
3．レポートを作成するにあたって，図表や写真，その他の資料による説明が必要かつ有効な場合は，その都度レポートに取り入れても差し支えないこととする。但し，下記事項に留意すること。
　①必要のないものを多用することを避けること。
　②図表から読み取れることのできる内容やポイントについては，本文中でも触れること。

ります。

　学生同士で発表しあうのか，専門職を対象としているのか，研究者が読み手になるのか，さらには幅広く一般の人びとの目に留まる形で発表するのか，あらかじめ十分に確認したうえで，レポート作成に取り掛かりましょう。

　たとえば，学生同士で発表しあう場合や，一般の人びとに向けたレポートである場合は，専門用語について分かりやすい解説を記すことが求められます。反対に，専門職や研究者など，自分が発表しようとしていることに関する知識を十分に有する人を対象としている場合は，それらの解説を最小限度にとどめても構いません。

執筆規定の枠内で作成する

　学術雑誌等へ投稿する場合は，それぞれ投稿規定や発表規定が定められているので，それに添った形で作成する必要があります。学内講義や演習等で発表する場合も，これと同様に，担当の教員が定める規定の枠内で執筆することが必要です（前頁参照）。

2　実践の報告レポートの構成と内容

　ここでは，学生が自らの実践をレポートにまとめる場合，どのように全体の文章を構成し，どのように内容を記述するのか，説明します。

表　題

　表題は，各自の実践（ボランティア活動・支援プログラム・サービス等）の対象者および内容を簡潔に表すものを，15字から30字程度で考えます。それ以上に長くなる場合は，サブタイトルを付けるとよいでしょう。
　（例）「在宅の高齢者に対する訪問サービスについて」
　　　　「保育所における児童へのレクリエーション支援～野外体験を中心として～」

問題の背景

　各自が関心を抱いた社会問題について，具体的に述べると同時に，これまで行ってきたニーズ探索のための「対象人口のデータ収集」や「面接調査」

で明らかになった実態や問題点（対象人口の満たされていないニーズ；Unmet Needs は何か），必要とされているサービスについての考察等について記載します。また，それ以前に行った「地域診断・人口調査」や「共同体についての調査」と関連性がある場合には，その点についても触れるとよいでしょう。

▍実践の目的

上記の問題の背景の中から，今回の実践では各自が何を問題として取り上げたのか，また，どのような人びとのどのような問題を解決したり，援助したりするために今回の実践を計画したのかについて記述します。つまり，その実践計画が目指すところはどこにあるのかを明確にすることが必要です。

▍実践の具体的方法

各自がどのような人びと（対象者）に対して，いつ（日時），どこで（場所），どのような（実践計画の内容）実践を行ったのかを具体的に明記します。「その実践についてまったく知らない人が読んだ場合にも，具体的にどのような実践を行ったのかを理解できるように」記述することを心がけましょう。

▍実践の経過

実践計画に基づいて実践されたことが，どのように進んでいったのか，対象者とどのようなやり取りや交流があり，そのときに自分はどのように感じたり，考えたりしたのか，対象者や協力者の様子や反応はどうだったか，実践の間にどのような出来事が生じたのか等々，各自が実践したことを，その経過に沿って，事実に基づいて報告します。

記述する内容や書式については，上記の例示にとらわれず，それぞれの実践内容に応じて自由に展開しても差し支えありません。ただし，次項の「考察」や「今後の課題」を述べる際の根拠を示すことができるように記述されている必要があります。

また，この項では，先に述べた対象者のプライバシー保護に細心の注意を払うことが必要になります。特定個人が識別される恐れのある情報は，除去もしくは匿名化されているかどうかを，慎重に確認して下さい。

考察および今後の課題

以下の点について記述して下さい。

- 今回の実践を通じて，考えたことや感じたことについて述べる。自分が取り上げた社会問題や対象者のニーズについて，新たに見出した課題や考えたことがあれば，その点についても触れる。
- 実践を行ったときに，施設等のスタッフから助言やフィードバックがあった場合には，その内容およびそれに対する自分の対応や考えについて記述する。
- 実践の内容や，実践の目的をどの程度達成できたのかについて自己評価する（良かった点と反省，改善すべき点の両方について考察する）。
- 上記の自己評価を踏まえて，もう一度改めて実践を行うとした場合に，どのような実践を計画するか，考察して記述する。

文　　献

今回の実践を計画・実施するにあたって，参考にした本や出版物などがある場合は，著者名，題名，出版社名（刊行年）を記入して下さい。

謝　　辞（ご協力いただいた方々へのお礼）

実践に至るまでのデータ収集や面接調査，または今回の実践においてご協力いただいた方々や機関名を，プライバシー保護に配慮しつつ公表し，各々からどのような協力や援助をいただいたのかを簡潔に述べ，お礼の言葉を書き添えます。また，授業担当教員以外にアドバイスや助力等をいただいた方がいれば，同様に記入します。

③ これからの学びのなかで

　本書を通じて読者が学習したことは，今後さまざまな場面で活用することが可能です。また，そのような経験，研鑽を通じて，専門職としての自己をさらに高めていくことが期待されます。

1　他の科目における活用

　本書は，これから社会福祉学を本格的に学ぼうとする者を対象とした社会福祉の入門書として編集されています。したがって，これまで述べてきた事柄は，あくまで社会福祉援助活動についての概略であり，アウトラインを示したにすぎません。

　読者が専門職として自立した活動を展開しようとする場合には，さまざまな科目を履修し，より理解を深めていくことが必要になります。専門分野の歴史，制度，法律，援助技術，対象の理解等に関係する科目をはじめ，医学，心理学，社会学等の周辺領域に関する知識や技術についても学習することになります。

　読者がこれらの学問を修めようとした場合，難解なあまり，ときに「なぜ，このような知識が必要になるのか」と疑問に感じ，学ぶ目的や意義を見失うことがあるかもしれません。そのようなときは，本書で学習したことを思い出し，社会福祉援助活動において，今，学んでいることはどの部分に関連しているのか意識するようにして下さい。

　社会福祉援助活動の対象となる個人，グループ，コミュニティが抱えている問題，有するニーズは幅広く，複合的な要素によって構成されています。そして，ニーズを的確に把握することができなければ，専門職として対象のニーズを充足するための援助を実践することはできません。対象者のニーズは何かを分析し，ニーズを充足するための援助を実践するためには，人間や社会に関係するさまざまな知識が必要になり，幅広く確かな技術が必要になるのです。

2 ボランティア活動における活用

　現代社会において，ボランティアの存在は不可欠であると言うことができます。社会福祉に限らず，災害復興や環境，文化，国際交流，地域振興等，さまざまな分野で，幅広い年齢層や社会的立場にある人がボランティアとして活躍しています。

　学生時代は社会人よりも夏休み，春休み等の長期の休暇を十分に取ることができるので，充実したボランティア活動を行うための条件が整った時期と言えるでしょう。近年では，新卒者の採用の際に，学生時代に行ったボランティア活動の内容と，そこから学生が何を実現することができ，何を学ぶことができたかを評価する企業も増えてきているようです。学生の中には，サークル団体やNPO法人を設立して，組織的にボランティア活動を実践する人もいます。また，社会福祉に関係する学部，学科の学生以外でも，積極的にボランティア活動を行う人が増えています。

　ボランティア活動は，一般的にその対象となる人びとに貢献する，奉仕する活動としてとらえられていますが，その活動に参加する人にとっても多くのことをもたらしてくれます。社会福祉を専攻する学生にとって，ボランティア活動を行うことは，卒業後の職業に直結するさまざまな体験をすることができる機会となります。

　本書で学んだ対象となる個人，グループ，コミュニティのニーズを把握するための手法や実践の技術は，学生時代に読者が行うボランティア活動の中で十分に活用することが可能です。単に参加するという形の活動ではなく，また独りよがりの活動ではなく，自ら主体性を持ち，対象者のニーズに少しでも対応した活動を展開するうえでの貴重な財産になるでしょう。

3 現場実習における活用

　国家資格の取得を目指す学生は，何らかの形で，現場実習を履修することになります。実習内容は，自分自身が目指している資格や職種，対象となる人によって実に多種多様ですが，本書を通じて学習，演習したことが必ず役に立つはずです。

実習活動は，単なる職場体験や見習いだけではなく，スーパーバイザーや教員の指導のもとに，対象となる個人，グループ，コミュニティ等が抱える問題をとらえ，その問題を解決するための援助を計画，実施し，評価するという一連の社会福祉援助活動を実践する課題が設けられています。社会福祉士や精神保健福祉士を目指す学生であれば介入計画を，介護福祉士を目指す学生であれば介護計画を，保育士や教職を目指す学生であれば指導計画を立案し，実践，評価するという学習の機会を通じて，専門職としての資質を養い，知識を深め，技術を磨くことになります。このことは，対象やフィールドが異なっても，まさに本書で学んだことの延長線上にあると言えます。

　また，学生にとって，実習中は対象者のニーズを充足することよりも，学生自身が専門職として成長することに主たる目的があります。したがって，スーパーバイザーから指示されたことを単に処理していくだけ，あるいは実習したことについて単に「勉強になった」という感想を持つだけでは十分な実習とは言えず，良い成績を修めることはできません。実習では，自分自身が専門職として自立するために，今後どのようなことを経験する必要があるのか，どのような知識や技術を身に付ける必要があるのかを日々の実習のなかで分析し，その日ごとの実習目標を立てて，主体的かつ計画的に行動することが求められます。そして，1日の実習が終了した時点で自己評価を行い，今日の目標はどの程度達成できたのか，今後どのようなことが課題になるのかを分析して，次の日の実習に臨むという経験を蓄積することにより，一歩ずつ成長していくのです。

　すなわち，本書で学習した事柄を，援助の対象者に向けて実践するだけではなく，自分自身に向けて実践することが，実習を有意義なものにするうえで不可欠と言うことができます。

4　卒業研究での活用

　多くの大学等では，自分が決めた研究テーマに基づいて論文を作成し，卒業時に発表，提出する機会があります。近年，社会福祉系大学等では，卒業時の研究，論文作成について，従来の文献研究だけではなく，文献研究を行ったうえで，何らかの調査，実験，介入などを行い，そこから得られたデータを基に論証する実証的研究が求められることが多いようです。

卒業研究では，1・2年次に作成するレポートよりも，さらにレベルの高いレポートを求められることは言うまでもありませんが，本書で学習したことやレポートを作成した経験は，優れた卒業研究を行ううえでの基本になります。

注

(1) 社会福祉士及び介護福祉士法第46条，精神保健福祉士法第40条，児童福祉法第18条の22において，規定されている。
(2) 厚生労働省の関係では，「医療・介護関係事業者における個人情報の適切な取扱いのためのガイドライン」（平成16年12月24日通達，平成18年4月21日改正），「福祉関係事業者における個人情報の適正な取扱いのためのガイドライン」（平成16年11月30日通達）などがある。

参考文献

平山尚・呉栽喜・李政元・武田丈『ソーシャルワーカーのための社会福祉調査法』ミネルヴァ書房，2003年。
平山尚・藤井美和・武田丈『ソーシャルワーク実践の評価方法——シングル・システム・デザインによる理論と技術』中央法規出版，2002年。

巻末資料

1 対外的な活動の際のマナー

1 心がまえ

　本書で紹介したさまざまな演習には，インタビュー調査やボランティア活動等，地域社会のさまざまな人びとと接しながら進める活動が含まれています。学生といえども，地域社会のさまざまな人と公式に接する場合，社会人として最低限度のマナーが問われることになります。

　これらの人びとに対して，学内の友人同士と同じ感覚でふるまってしまうと，思わぬトラブルが発生し，活動に支障を来すことも少なくありません。なぜなら，地域社会の人びとにとって，学生の教育に協力することは，あくまで善意に基づく行為なのであり，非常識なふるまいによって気分を害されてまで，協力する必要はないからです。

　それどころか，一人の学生の非常識なふるまいが，多くの他の学生や教職員に重大な迷惑や被害を及ぼすこともあります。地域社会の人びとは，学生一人の行動をもって，その学校に属する学生や教職員すべてに対する印象を抱きます。あなた自身の言動によって，地域社会の人びとは，「あの大学の学生は優秀だ」「あの学校はいい学生がいる」という印象を持つのであり，その反対の場合では，「あの大学の学生はだめだ」という印象を持つことになるのです。特に授業の一環として地域社会と接する場合，学生は自分が所属する学校の看板を背負っていることを心に留めておかなければなりません。

　ここでは，学生が対外的な活動を行ううえで，最低限必要となるマナーについて，電話のかけ方，手紙の書き方，服装についての注意事項を説明します。

2 基本的な考え方

　対外的な活動では，相手の立場にできるだけ近づこうとする姿勢が求められます。特に，インタビュー調査等，善意に基づく協力をお願いする場面では，

相手を不快にさせないことを基準に自分自身の言動を決める必要があります。

同年代の友人同士では何とも思われない髪型や服装であっても，世代の違う人と接するときは相手に不快な思いをさせてしまうこともあるのです。たとえば，髪を染めたり，色を抜いたりする，いわゆる"茶髪"は，大学生くらいの年代では決して珍しいことではありません。しかし，高齢の方が"茶髪"の学生に「インタビューに協力して下さい」と頼まれたら，おそらく不快に感じ，協力を断られることも多いでしょう。

自分や同年代の友人を基準に考えれば当たり前のことであっても，対外的な活動の場合は，常に相手の基準に合わせた対応をとらなければ，目的を達成することはできません。

3 電話のかけ方

電話をかけるときの注意事項

時　間	①朝夕の忙しい時間帯や早朝深夜を避けることが原則。 ・午前10時から11時30分くらいまでの間，午後1時30分から4時くらいまでの間にかけるとよい。 ②つながったらまずは相手の都合を確認し，忙しい場合，移動中の場合など，都合が悪い場合はかけ直す。 ・いつごろかけ直せばよいか確認する。 ③できる限り一般電話や公衆電話からかける。 ・携帯電話の場合，電波状態が悪く途中で切れてしまったり，周囲がうるさかったりすると，相手に迷惑がかかる。 ・やむを得ず携帯電話を使用する際は，電波状態や周囲の騒音に注意する。
用　件	①質問内容や話の要点を整理してからかける。 ・何度もかけ直したり，慌ててしまい要領を得ない話にならないようにする。 ②電話の内容はメモを取る。 ・時間が経つほど記憶が曖昧になる。 ・特に日時，場所，金額，氏名等については復唱し，メ

	モすること。
話し方	①大きな声ではっきりと話す。 ・若者らしく，明るいハキハキとした口調で話す。 ・語尾を濁したり，だらしなく伸ばしたりしない。 ②言葉遣い ・電話では顔が見えない分，言葉遣いには細心の注意が必要。 ・最低限の丁寧語，尊敬語，謙譲語を使えるようにする。
切り方	①最後に，お時間をいただいたことに感謝を表する。 ②相手が電話を切ったことを確認してから受話器を置く。 ・まだ相手が確認したいことがあるのに，先に受話器を置いてしまうことはきわめて失礼に当たる。

電話応対の例

　ここでは，福祉施設でボランティア活動をさせていただきたい旨を，電話で依頼する場合を例に，電話の応対について考えてみます。

共通事項	施設側 学　生	「はい，▲▲園でございます。」 「お忙しいところ恐れ入ります。わたくし，〇〇大学1年の××と申しますが，<u>ボランティア受け入れのご担当者様をお願い致します。</u>[(1)]」
	施設側 担当者 学　生	「少々お待ち下さい。」 「はい，お電話かわりました。」 「お忙しいところ恐れ入ります。<u>わたくし，〇〇大学1年の××××（フルネームで）と申します。</u>[(2)]突然お電話いたしまして，申し訳ございません。実は夏休み中にそちらの施設でボランティア活動をさせていただきたいと思うのですが，受け入れていただけますか。」
受け入れ可能な場合	担当者 学　生 担当者 学　生	人数は何人くらいですか。 私を含めて4名でお願いしたいのですが。 日にちはいつですか。 詳しい日時や活動内容は後ほど改めてご連絡させていただいたうえで調整させていただきたいと思いますが，〇月の〇旬に3日間ほど予定させていただいております。[(3)]
	担当者	わかりました。どのような活動を希望されていますか？

	学　生	活動内容につきましては追ってご相談させていただきたいと思います。できるだけ利用者と接する時間をいただきたいのですが，ご担当者様の方で私たちに対する要望がありましたらお申し付け下さい。
	担当者	分かりました。ではお受けいたします。
	学　生	ありがとうございます。それでは改めて後ほどお電話させていただきます。それから，大変失礼ですが，ご担当者様のお名前を教えていただいてよろしいですか。[4]
	担当者	相談員の〇〇です。
	学　生	〇〇様ですね[5]。ありがとうございました。それでは，今後ともよろしくお願いいたします。失礼いたします。
受け入れ不可能な場合	担当者	うちの施設では現在ボランティアの受け入れを中止しているのですが……
	学　生	分かりました。それでは，また機会がありましたらよろしくお願いいたします。お忙しいところ，失礼いたしました。[6]

注 1) 担当者名が分かっている場合は，氏名をはっきり述べること。
　 2) 相手が聞き取ることができるようにゆっくりと話す。
　 3) 日程について希望がある場合は，候補となる日をいくつか提示したうえで，先方の都合を伺う。「この日以外にできない」という姿勢で希望を述べないこと。
　 4) 氏名を聞いておかないと，次回の電話で話が円滑に進まない場合がある。
　 5) 必ず復唱して確認する。
　 6) 断られた場合も，丁寧な対応をする。

　上記はあくまで参考例であり，先方の出方によってこちらの対応方法は無数にあります。いずれにしても，丁寧かつはっきりとした口調で，好印象を持たれるように対応して下さい。その場で判断がつかない展開になった場合は，「検討させていただいたうえで，改めてお電話いたします」と言い，担当教員に相談するとよいでしょう。

4　手紙の書き方

　対外的な活動をするうえで，きちんとした手紙が書けることは，とても重要なことです。本書で紹介した演習を実施するうえで，手紙を書くことが想定される場面がいくつかあります。たとえば，インタビュー調査の依頼状，ボランティア活動の依頼状，これらが終了した後のお礼状などです。手紙は口頭での会話とは異なり，いつまでも相手の手元に残るものなので，基本を押さえたうえで，自分の意思や感謝の念などが正確に伝わる手紙を書きたい

ものです。

手紙の基本
①丁寧に，心をこめて書く。
②字の大きさを揃え，行頭や行末を揃えるなど，全体のバランスを考える。
③相手や自分の住所，氏名は省略しない。
④用紙は，縦書きの罫線が入った便箋を使い，筆記用具は，黒の万年筆や水性ボールペンを用いるときれいに仕上がる。
⑤出すタイミングをはずさない（1週間以内）。特にお礼や謝罪の手紙はすぐに出す。

封筒の書き方
【記入見本】

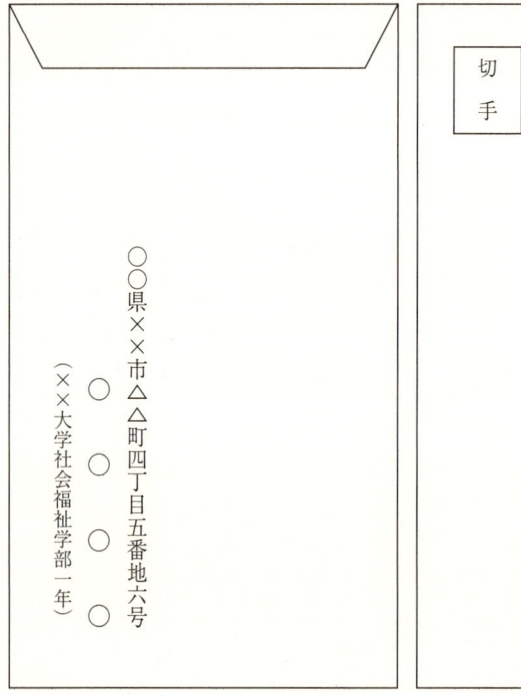

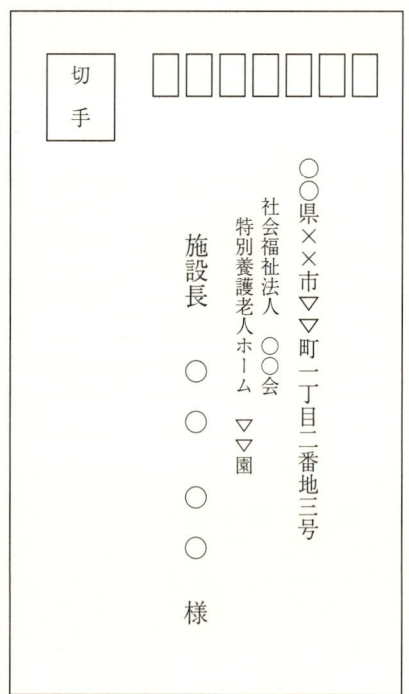

（裏面）
○○県××市△△町四丁目五番地六号
○○○○
（××大学社会福祉学部一年）

（表面）
○○県××市▽▽町一丁目二番地三号
社会福祉法人　○○会
特別養護老人ホーム　▽▽園
施設長　○○○○　様

①宛名は正確に省略しないで書く。
②封筒を閉めたら糊付けをし，〆印を書く。（持参する場合は，糊付けは不要。）
③文字の配置に注意する。

④切手や郵便番号に注意する。（不安な場合は，ポストに投函するのではなく，郵便局で直接確認する。）

文の構成

手紙をもらったときに，まず気になるのが字配りなどの見た目の印象です。決まりごとに従ってまとめていくことで，形の整った手紙になります。

基本形を覚えておけば，社会に出た後も必ず役に立ちます。

【文の構成の基本形】

```
⑧宛名      ④結びの挨拶    ③本文    ①頭語
    ⑥日付                         ②時候の挨拶

         ⑦署名   ⑤結語
```

①頭語　　　　1行目の頭に書く。（拝啓　謹啓など）
②時候の挨拶　頭語に続けて1字分空けて書く。季節に合わせた表現を用いる。
　　　　　　（下表参照）
③本文　　　　改行して1字下げて書く。氏名，熟語，数字は1行に収める。
④結びの挨拶　改行して1字下げて書く。
⑤結語　　　　結びの挨拶の次の行の行末に書く。（敬具　敬白など）
⑥日付　　　　3字分くらい下げて書く。年号も書くこと。
⑦署名　　　　やや大きめの字で行末に書く。
⑧宛名　　　　やや大きめの字で行頭に書く。

【時候の挨拶の例】

1月	新春の候　厳寒の候　厳冬の候　大寒の候	7月	盛夏の候　猛暑の候　酷暑の候　盛夏の候
2月	立春の候　早春の候　余寒の候　晩冬の候	8月	残暑の候　晩夏の候　初秋の候　新涼の候
3月	早春の候　春暖の候　春分の候　浅春の候	9月	新秋の候　初秋の候　爽秋の候　清涼の候
4月	春暖の候　陽春の候　仲春の候　桜花の候	10月	秋冷の候　清秋の候　秋涼の候　紅葉の候
5月	残春の候　惜春の候　新緑の候　若葉の候	11月	晩秋の候　向寒の候　暮秋の候　寒気の候
6月	青葉の候　初夏の候　梅雨の候　初夏の候	12月	初冬の候　師走の候　霜寒の候　寒冷の候

手紙の例

ここでは，福祉施設でボランティア活動をさせていただいたお礼状を例に，手紙の書き方を考えてみます。

拝啓　盛夏の候　ますますご清祥のこととお慶び申し上げます。

さて、私たちのボランティア活動に際しまして、ご多忙中であるにもかかわらず、受け入れていただきまして、ご指導いただきまして、誠にありがとうございました。初めての経験でしたので、分からないことばかりで不安でしたが、利用者の皆様や職員の方々から親切にしていただいたことで、無事活動を終了することができました。三日間という限られた時間でしたが、学内の講義では学ぶことのできない貴重なことを学ばせていただくことができました。(1)

皆様への感謝の気持ちを忘れずに、これからも社会福祉を学んでいきたいと考えております。どうぞ、皆様にもよろしくお伝え下さい。

末尾ながら、貴施設のますますのご発展と皆様のご活躍をお祈り申し上げます。

敬具

平成○年○月○日

××大学社会福祉学部社会福祉学科一年
○▽○▽○▽○▽

社会福祉法人＊＊会　△△福祉作業所(2)
所長　○○○○　様

注：1) 本文では，ボランティア活動の感想やご指導いただいた感謝の気持ちなどを書く。
　　2) 法人名，施設名は省略せずに正式な名称を書く。

5 活動にふさわしい服装や身だしなみ

　自分自身の人格，能力，情熱などを誰かに理解してもらおうと思った場合，相当程度の時間が必要になります。わずか1日限りのインタビュー調査や，数日間のボランティア活動で，真の自分を相手に理解してもらうことは，残念ながらできません。限られた時間の中での活動では，第一印象ですべてが決まってしまうといっても過言ではないのです。はじめに悪い印象を抱かれた場合，それを払拭することは短期間ではまず不可能でしょう。

　服装や身だしなみは，第一印象に大きく影響します。活動内容や場の状況にふさわしい服装や身だしなみを整えることも，地域社会の人びとと接する活動においては，大切なマナーの一つです。服装ひとつで，相手に不快感を与えてしまい，その後の活動が目的を達成できないまま終わってしまうこともあるのです。

　また，ボランティア活動の際などは，服装や身だしなみが不適切であるために事故につながることもあるので，単に見た目の問題だけではなく，安全性という視点からも注意深く考える必要があります。

身体の動きを伴う活動の場合

　ボランティア活動等で，身体の動きを伴ったり，保育所や介護施設等で子どもや高齢者と直接触れあったりする場合は，動きやすく，来ている人にも，接する人びとにとっても安全な服装に整える必要があります。

(1) 動きやすいジャージ等のパンツ（短パンはふさわしくない場合が多い）に襟のあるポロシャツなどが一般的です。ただし，福祉施設等で活動を行う場合は，施設の方針により定められている場合もあるので，事前によく打ち合わせをする必要があります。

(2) ズボンの裾は床につかないように注意を払いましょう。床につくと不衛生ですし，滑って転倒すると，自分がけがをするだけではなく，対象の方にけがをさせてしまう危険もあります。

(3) 革靴やサンダル履きでは，フットワークが悪く，活動に支障をきたす場合があります。清潔で履きなれた運動靴を用意しておきましょう。

(4) 頭髪について，長髪の場合は活動の支障になることがあります。また，

髪をだらしなく振り乱す様は，他者に不快感を与えることもあるので，まとめておくとよいでしょう。茶髪は異世代の方と接する場合は，不快感を与えることが多いので，避けましょう。
(5)　男性はひげをきれいに剃っておきましょう。無精髭は相手にだらしなく不衛生な印象を与えます。
(6)　これまで述べてきた服装に，濃い化粧はあまり似合いません。また，活動中に汗をかき，化粧がだらしなく崩れることもあります。清潔感のある薄化粧が良いでしょう。
(7)　子どもや高齢者の皮膚は弱く，わずかなことで傷になってしまうことがあります。爪はきれいに切っておき，指輪，ネックレス，ピアスなどのアクセサリー類ははずしましょう。腕時計でけがをさせてしまうこともあるので，はずしてポケットに入れておくとよいでしょう。

インタビュー，打ち合わせ，挨拶訪問等の場合

　これらの活動は，改まった雰囲気の中で行われる場合が少なくありません。インタビュー調査で，相手が正装しているのに，こちらが軽装というのは失礼な話です。挨拶訪問では，相手の方と初対面という場合が多く，第一印象は相手の信頼を得るうえでとても重要な意味を持つため，やはり正装が望ましいでしょう。
　しかし，最近では環境への配慮から，夏場に上着の着用をやめ，ネクタイをはずすという，いわゆる「クールビズ」を推奨する傾向が，官公庁などを中心に見受けられます。これから紹介する正装は，あくまで基本形ですので，季節や場の状況などに合わせて工夫することが必要です。
(1)　スーツは濃紺か濃いグレーが基本です。シャツの色は白が良いでしょう。また，スーツやシャツにもアイロンを掛けておき，しわのない状態で着用するようにしましょう。
(2)　靴は黒の革靴が一般的です。女性は3～5cm程度のヒールが良いでしょう。いずれもきれいに磨いておいて下さい。
(3)　正装の際も，学生はあまり濃い化粧をしない方がよいでしょう。清潔感のある落ち着いた感じに整えましょう。

巻末資料

出かける前にもう一度チェック！

活動に出かける際に，鏡を見ながら，次頁以降のイラストと，自分自身の服装，身だしなみを比較してみて下さい。相手に不快感を与える要素や活動上の危険がないか，もう一度チェックしてみましょう。

【身体の動きを伴う活動】

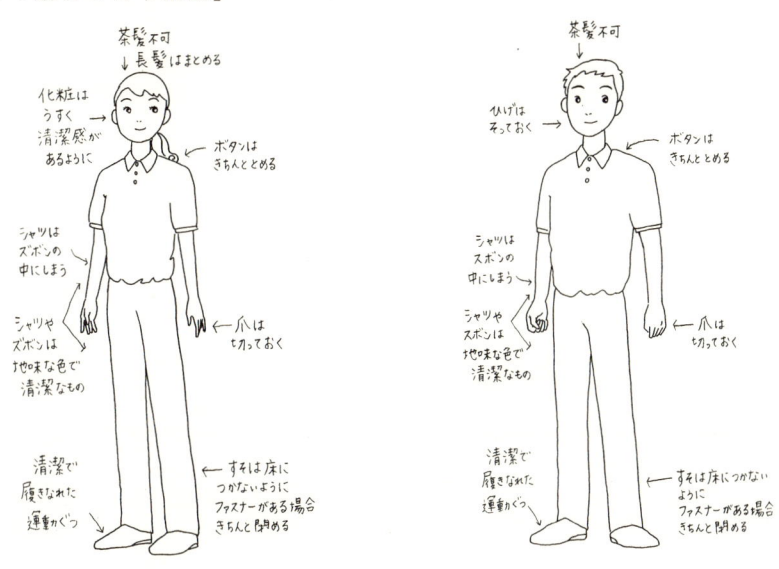

茶髪不可
↓長髪はまとめる
化粧はうすく清潔感があるように
ボタンはきちんととめる
シャツはズボンの中にしまう
シャツやズボンは地味な色で清潔なもの
←爪は切っておく
清潔で履きなれた運動ぐつ
←すそは床につかないようにファスナーがある場合きちんと閉める

茶髪不可
ひげはそっておく
ボタンはきちんととめる
シャツはズボンの中にしまう
シャツやズボンは地味な色で清潔なもの
←爪は切っておく
清潔で履きなれた運動ぐつ
←すそは床につかないようにファスナーがある場合きちんと閉める

【正　装】

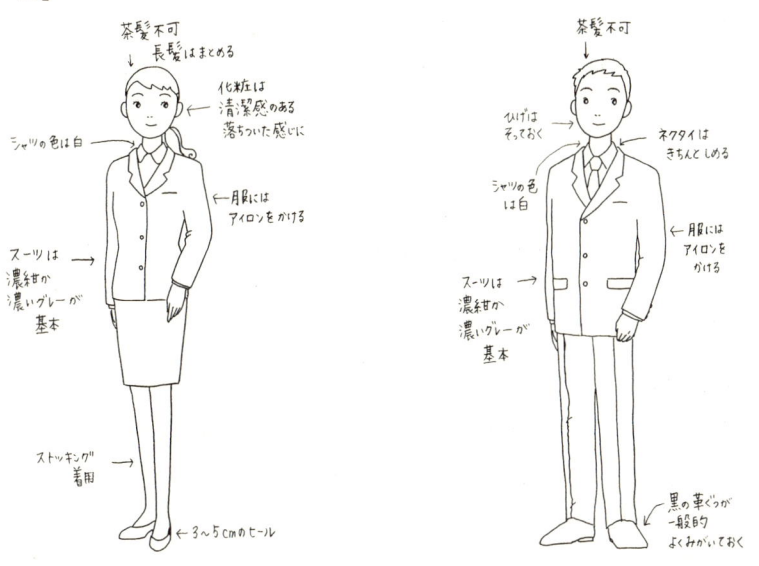

茶髪不可
↓長髪はまとめる
化粧は清潔感のある落ち着いた感じに
シャツの色は白
←服にはアイロンをかける
スーツは濃紺か濃いグレーが基本
ストッキング着用
←3〜5cmのヒール

茶髪不可
ひげはそっておく
ネクタイはきちんとしめる
シャツの色は白
←服にはアイロンをかける
スーツは濃紺か濃いグレーが基本
黒の革ぐつが一般的よくみがいておく

2 レポート作成例

1 ニーズ探索についてのレポート

難病の人とその家族のニーズ探索

社会福祉学部社会福祉学科
学籍番号******　○○○○

1. はじめに

　難病とは，「原因が不明で，治療方法がいまだ確立されておらず，後遺症を残す恐れが少なくない疾病，または，経過が慢性にわたり，単に経済的な問題のみならず，介護等に著しく人手を要するために家族の負担が重く，また精神的に負担の大きい疾患に対する社会通念的な呼び名」[1]である。治療が困難であること，また介護等の負担から，難病患者やその家族は，計り知れない不安を抱えることになる。

　病気そのものに対しては，医師や看護師等といった医療職に対応が委ねられるが，ソーシャルワーカーは相談援助を通じて，患者や家族の不安の低減もしくは除去を図ることが主な役割になるものと考えられる。具体的には，1）医療費や生活費等の経済的な問題への援助，2）療養に伴って起きる社会的・心理的な問題への援助，3）どのように治療を受ければよいかという処遇問題への援助，4）退院・就労・就学などの社会復帰への援助，5）患者会やネットワークづくり等の地域援助活動等が想定される。

　このレポートでは，難病患者やその家族のニーズを明らかにすることを目的とする。今回は，筋萎縮性側索硬化症（以下，ALSとする）の患者と心臓病児に焦点を当てて実施した調査の結果を通じて，これらの

人びとやその家族のニーズについて考察する。また，そのことを通じて，学生という立場で実施可能なボランティア活動を計画するうえでの指標としたい。

2. ニーズ探索の方法

キー・インフォーマント・サーベイを実施した。ALSについては日本ALS協会から，心臓病児については全国心臓病の子どもを守る会から，患者のご家族を1名ずつ紹介していただいた。

ALSについては，A氏（54歳・女性）に△月○日の13:00～14:00に面接調査を行った。心臓病児については，B氏（39歳・女性）に△月○日の15:00～16:00に面接調査を行った。

3. ALS患者の家族に対する面接調査

(1) ALSとは

手足など自分の思い通りに身体を動かすときに必要な筋肉を支配する神経を運動ニューロンという。運動ニューロンは，歩いたり，飲み込んだりするなど，さまざまな動作をするときに脳の命令を筋肉に伝え，収縮させる役割を果たしている。ALSは，運動ニューロンの病変により，筋が萎縮し，筋肉の力がなくなっていく原因不明で進行性の病気である。[2]

病状が進行するに従って，運動障害，言語障害，嚥下障害，呼吸障害の4つの症状が現れる。有病率は10万人に5人程度で，女性よりやや男性に多く，中年以降に発症することが多いとされる。

(2) 質問内容

① ALSの患者さんやそのご家族はどのような問題を抱えているのでしょうか。

② 現在，ALSの患者さんはどのような医療，福祉サービスを利用しているのでしょうか。

③ ALSの患者さんやご家族の皆さんは，どのような支援を必要としているのでしょうか。

④ 私たち学生が，ALSの患者さんを介助，支援するときに，気を

つけなければならないことを教えて下さい。
⑤ ALSの患者さんについて，私たちに知っておいて欲しいこと，理解して欲しいことなどがありましたら，教えて下さい。

(3) 回答内容
① ALSの患者さんは，突然体調不良を訴え，病院に行って初めてALSであることを知らされる。そのときは単に身体的な問題だけではなく，精神的なショックと経済的な不安に襲われることになる。ALSという病気が神経難病であることは，あまり知らされておらず，すぐに適切な対応を受けられないことも，患者や家族の不安を大きくさせる要因である。

いわゆる「一家の大黒柱」である50〜60代の男性が多く発症していることから，家族の経済的な不安は計り知れない。女性の場合でも，働き盛りの年齢で発症することから，同様のことが言える。ALSの患者さんがいる家族は，常に介護と経済的な問題の両方を抱えている。ALSは，治療法や有効な薬がなく，新厚生であることが患者さんに伝えられるので，結果的には，生死の不安も伴う。

② ALSは国の特定疾患に指定されているので，医療費は無料になる。また，訪問看護や訪問介護による支援を受けている場合が多い。しかし，困るのは，痰の吸引についてである。頻繁に吸引をしなければならない場合，訪問看護や訪問介護では十分な対応を得ることができず，家族が片時も休むことができない例が非常に多い。

③ 患者さんの容態はそれぞれ違うので一概に何が必要かとは言えないと思う。一般的には支援する前にこの病気について知っておいて欲しい。この病気について知ることは，患者さんへの理解につながる。たくさんの患者さんを支援するという気持ちではなく，1人の患者さんと深く付き合って欲しい。精神状態や家族のこと，病気なども含めて，その人にまつわるすべてを見つめて欲しい。深く関わっていくことで，その患者さんが何を必要としているのか，何を望んでいるのかが分かってくるはずである。

患者さんや家族は，日頃は専門職に囲まれて，単調な生活をして

いることが多いので，新たな出会いや，自分と同じ目線，感覚で関わってくれる人を求めていると思う。学生には専門的な知識や技術を求めているのではない。難病を抱える患者としてだけではなく，人として誰もが感じる喜びや楽しみ，感動，時には悲しいことなどを共有したりして，一緒に同じ時間を過ごす人を求めている。

④ 支援するときに気をつけなければならないことは，患者さんを一人の人間として尊重することだと思う。ALSの患者さんは，自分ひとりで意思を伝えたり，表現することが難しいため，一見何も分からないように見えたり，正常でないように思われることがある。しかし，体は自分で動かすことができない，自由がきかないだけで，五感はしっかりとしている。そのため，患者さんが何をしてもらいたいのか，早めに察知して欲しい。何より患者さんとの信頼関係を築き，患者さんを裏切らないことが大切である。

⑤ 患者さんとの信頼関係が大切である。信頼関係を持つことができれば，患者さんが何をして欲しいのか，自分で求めてくるはずである。患者さんが学生に要求していることは，専門的な知識や技術ではなく，普段の学校生活や学生自身のことなど，いろいろな話をしたいということだと思う。患者さんは突然，たまたまALSという病気になっただけで，病気のことを除けば，その人にはさまざまな人生，歴史があることを忘れてはいけない。今は身体が不自由でも，学生にとっては人生の先輩である。誠意をもって接するように心がけてほしい。

　患者さんのことを知りたいのであれば，自分のことを相手にしっかり知ってもらうことも大切なことである。「相手のことは知りたいが，自分のことは知られたくない」では，信頼関係を築くことは難しいと思う。無理に自分を飾ったり，知ったかぶりをする必要はないが，誰かを支援する以上は，誰からもすんなり受け入れられるようなマナーや身だしなみを整えて欲しい。誰かを支援する前に，自分自身のことをよく知り，自分のことをしっかりすることが，良い支援につながると思う。

4．心臓病児の家族に対する面接調査
(1) 質問内容
　①お子さんの病気についてお聞かせ下さい。
　②病気を知る前と後ではどのようなことが変化しましたか。
　③今，どのようなサービスを利用していますか。
　④今，不足している援助はどのようなことですか。
　⑤毎日の生活の中で支えになっているものは何ですか。

(2) 回答内容
　①　出生時に羊水過多症で早産であった。2歳児のときに，不整脈が見つかり，大学病院で検査したところ，心臓の僧帽弁狭窄症と診断された。現在は地域にある中学校に通っている。以前は，学校の階段の上り下りで心不全になってしまい，エレベーターの設置を強く希望したが，内部疾患で外見では病気が分かりにくいので，エレベーターを設置してもらえず，現在は1階にある障害児学級に通っている。学校に行くことで心臓への負担がかかるため，1日おきに登校している。

　　子どもへの病気の説明は，病気が分かった時点ではまだ幼少だったので，日常生活でやってはいけないこと（走ることや階段の上り下り等）を細かく言って聞かせた。小学校に上がる前，薬の飲み方を特訓した。現在9種類は常に服用していて，発熱時はさらに5種類の薬を飲まなければならない。旅行に行けない，プールに入れないなど，周りの子どもと同じようにできない本人だけの苦しみがあり，本人は親には分からないほどの辛さを味わっていると思う。

　②　手術をしたときに，医師から「子どもでも痛みは大人と同じように分かる，大人とかわらない」と言われ，子どもとしてではなく，一人の大人，人間として扱うようになった。一緒に住んでいる夫の両親は，病気前よりも優しく接するようになった。上の2人の兄弟は，普段はけんかをするが，具合が悪くなると大切にかわいがっている。特別扱いするのではなく，みなが自然に大切にするようにし

ている。
③ 医療費は全額免除されている。医療サービスとしては，定期的に受診しており，常時14種類の薬を手放すことができない。福祉サービスは今のところ利用していない。
④ 社会の心臓病に対する理解が乏しいので，もっと心臓病のことを知ってほしい。市役所の福祉課がしてくれるのは，書類の手続きくらいで，その他は何も援助してくれない。現在，住んでいる地域には養護学校がなく，他の地域の養護学校に行くには移動距離，時間がかかるので，身体への負担が大きく，通うことができない。現在住んでいる地域に養護学校ができることを臨んでいる。市にお願いをしているが，財政難のため難しいと言われている。また，内部障害の子どもは，知的障害児などのように作業所など働く場がないので，将来働くことができる場所ができることを望んでいる。病気によって，さまざまな制限があり，普通の人と同じようには働くことができないので，行動の制限を理解して，働く場を社会が作って欲しい。
⑤ 子どもに一日でも長く生きてもらいたいと思う気持ちが支えになっている。そのために，親である自分ができることを精一杯やっている。子どもに対しては，自分で何かしたり，やり遂げることによって生きている喜びを感じてもらいたいと思う。そして，子どもの人生の中で，人の役に立っていると実感できるもの，自分の存在を認めてもらえるものなど，生きている証を見つけて欲しい。また，子ども自身が，自分と同じような病気で苦しんでいる人がいることを周囲の人に知ってもらえるよう，理解してもらえるように，病気のことを隠したりせず，また人を避けたりせず，堂々と周りの人に伝えていって欲しい。

5. 考　察

双方の面接調査から共通して言えることは，その病気について多くの人に正しい理解をして欲しい，また，患者という側面だけでなく，一人の人間としての存在を理解して欲しいという強い希望・要望が伺えるこ

とである。その背景には，難病患者やその家族に対する社会の認知度が低いことがあると考えられる。また，認知度の低さから，十分な福祉，医療，教育などのサービスを受ける機会が制限されていることもあるようである。

　以上から，病気，患者や家族に対する地域社会の理解を促すことが急務であると考えられる。そのことを通じて，患者や家族の精神的な負担を軽減すること，さまざまな不利益を解消し，十分な参加の機会を確保することは，きわめて重要と考えられる。

　今後の課題として，第一に，私自身が難病についての理解を深めることである。病気についての知識量を増やすと同時に，多くの患者や家族と関わる機会を持ち，全人的な理解に努めていきたい。第二の課題は，地域住民に対して，難病への理解を促すための活動を計画，実施することである。単に病気についての講演会や勉強会等を企画するだけではなく，患者や家族と地域住民が自然な形で触れあう機会を作り，その関わりから理解を促進できるような活動を目指したい。

　謝辞　面接調査にご協力いただいたA氏，B氏からは，大変貴重なお話を伺うことができた。改めて感謝申し上げたい。また，質問項目の作成にあたってご指導いただいた〇〇先生にも感謝申し上げたい。

引用・参考文献
(1) 成清美治・加納光子『現代社会福祉用語の基礎知識・第6版』学文社，2006年。
(2) 上田敏編著新セミナー介護福祉9『一般医学』ミネルヴァ書房，2002年。

※　このレポート作成例は，東京福祉大学において学生から提出されたレポートをもとに，筆者が加筆修正したものである。

2　実践報告レポート

高齢者介護施設におけるレクリエーション援助について

社会福祉学部社会福祉学科
学籍番号******　　○○○○

1. 問題の背景

　わが国では世界に例を見ない速度と規模で高齢化が進んでいる。高齢化の進行に伴い，要介護高齢者も増加しており，今後もさらに増加することが見込まれている。このような社会的背景から，わが国では1980年代から高齢者の保健福祉サービスの整備やマンパワーの養成等，高齢者介護の基盤整備が急速に展開された。その結果，介護サービスは大幅な量的拡大を見せ，介護を職業とする人の数も急増した。また，これらの介護サービスの利用者も大幅に増加している[1]。

　今回，実践を行ったA県B町内にも，居宅サービスと施設サービスをあわせて20か所の介護サービス事業所がある。また，これらのサービスのほとんどは，介護保険制度がスタートする2000年4月前後に設置されているため，わずか5年の間に事業者数は10倍程度増加したことになる。また，町内全体の介護サービスの利用率（定員に占める利用者の割合）は95％を超えている。

　B町内の介護保険施設の2人の施設長に対して実施した面接調査の結果，町内の介護保険施設の現状と問題点について，次の4点が明らかになった。

①　町内で急激に介護サービスが増加したことから，介護職員の確保が容易ではない。
②　実務経験の少ない介護職員が多く，業務全体に余裕がない。
③　①②より，B町内の介護保険施設は人手不足が深刻で，いわゆる三大介護（入浴，排泄，食事）の対応だけで精一杯である。

④ 入居者からの要望もあるので，レクリエーション活動の援助を行いたいのだが，人手と時間がなく，対応できないことが多い。

以上を踏まえ，今回はＮ特別養護老人ホームにおいて，利用者を対象としたレクリエーション援助を実践したので，その経過と結果について報告する。

2．実践の目的

実践の目的は，介護保険施設の入居者の余暇を充実させることである。具体的には，筆者を含む3名の学生が，Ｎ特別養護老人ホームのデイルームで，夏休み期間中の3日間，14:00～15:30までの1回1.5時間に茶話会を開催して，ゲームや協働作業を通じた入居者と学生，入居者間の交流を促していく。

3．実践の具体的方法

(1) 日　時　第1回　8月17日　14:00～15:30（1.5時間）
　　　　　　第2回　8月24日　14:00～15:30（1.5時間）
　　　　　　第3回　8月31日　14:00～15:30（1.5時間）
(2) 場　所　Ｎ特別養護老人ホーム　デイルーム
(3) 援助者とその役割

援助者	主な役割
学生 X	・学生グループの責任者　・施設側との連絡調整
学生 Y	・材料の買出し ・会計　・当日の記録（写真を含む）
学生 Z（筆者）	・茶話会全体の進行準備と当日の進行

(4) 対　象　Ｎ特別養護老人ホーム第2ユニットに入居する方の中から希望者10名
(5) 実施内容　・お茶を飲みながらの談笑
　　　　　　　・おやつを全員で作って食べる
　　　　　　　・終了後の写真掲示
(6) 費用等　・おやつ作りの材料費は施設側のご配慮により支出

　　　　　　していただける。
　　　　・写真の現像等にかかる費用は，学生が300円ずつ
　　　　　持ち寄り，その範囲内でまかなう。

4．実践の経過
(1) 第1回（8月17日）
　①自己紹介
　　学生の自己紹介から始まり，続いて座席順に参加者の自己紹介をしてもらった。ただ名前を言うだけではなく，趣味や好きな食べ物などのエピソードを紹介することにした。1人1分の持ち時間で，15分程度を予定していたが，10分もかからずに全員の自己紹介が終わった。全体的に緊張している様子が伺えた。
　②活動目的の説明
　　学生Xより，この集まりの目的を次のように説明した。
　「同じ建物の中で生活していてもなかなかお話をする機会が少ないと思います。私たち学生も今日初めてこちらに伺ったので，皆さんのことをよく知りません。仲間を作って，毎日が少しでも楽しく過ごせるように，これから3日間にわたって，さまざまな楽しい活動をしていきたいと思います。」
　③ゲームを通じてのアイスブレーキング
　　ジャンケン，握手などを伴うゲームにより，参加者の緊張の緩和を図った。自己紹介のときの雰囲気とは一転して，全体的ににぎやかな雰囲気になり，笑顔が見られるようになった。右手に障害があるOさんが，上手にジャンケンのサインを出すことができなくて，苦しそうな表情を見せたので，その場で「グー」「チョキ」「パー」と書いたカードを作り，それを使用してもらった。その後は，楽しそうに参加していた。
　④お茶を飲みながら談笑
　　自己紹介で聞いた各参加者の好きな食べ物などを題材に，学生Zが全体に話題を提供した。少しずつ，学生が進行しなくても，参加者同士で話が展開していくようになった。話の中で，全員に共通して甘い

お菓子が好きだということが分かり，Ｐさんの発案によって，次回の集まりで一緒にホットケーキを作って食べることが，全員の賛成を得て決まった。必要な材料や道具について，皆で意見を出し合って，取りまとめた。次回までに学生が揃えておくことになった。参加者には，どのように役割分担をすれば効率よく作ることができるか，各自考えておいてもらうことにした。

(2) 第2回（8月24日）
①話し合い

　学生Ｚから，「材料はホームの方で費用を出していただき，私たちが買ってきました。必要なものはすべて揃っていると思います。頑張っておいしいホットケーキを作りましょう。どのように役割分担して，作業を進めていけばよいでしょうか」と投げかけた。Ｕさんは，「得意な人に全部やってもらった方が，おいしいものができると思うよ」と言った。一瞬，全員がＵさんの発言を聞いて，同調するような笑いが起きたが，Ｓさんが「せっかくだから，皆で作りましょうよ」と言うと，静かになった。続いてＷさんが「私は片手が不自由だから，ちょっと無理かもしれない……」と小声で言った。学生Ｘは「実は私もアパートに下宿しているのですが，料理が苦手でほとんど自炊などしたことがありません。いつもコンビニでお弁当を買って食べています」と言うと，また笑いが起きて，「出来合いのものばかり食べていると身体壊すよ」「野菜も食べないとだめだよ」と言う人がいた。学生Ｘが，「皆さんも得意不得意があると思いますが，私も何とかホットケーキ作りに挑戦してみますので，皆さんもできることをやっていただけませんか」と言うと，「そうだ，そうだ」という声が上がった。話し合った結果，皆の分の生地を作るのは，得意な人がやって，自分が食べる分を，自分で焼くことになった。自分で上手くできないことは，皆で助け合うことになった。

②ホットケーキ作り

　話し合ったとおり，生地作りは料理が得意なＥさんとＦさんが担当した。他の人たちは「見事な腕前だねぇ」と言って，2人に拍手を

送っていた。片手が不自由なWさんは、生地をホットプレートに乗せることは自分で上手にできたが、ひっくり返す動作が上手くできなかったので、Hさんが手伝ってくれた。予定時間を少し超過したが、無事、全員分のホットケーキができ上がった。

③完成品を食べながら談笑

「こんなにおいしいホットケーキは久しぶりに食べたよ」「焼いてすぐだからおいしいんだね」「みんなで作って食べるからおいしいんだよ」など、大いに盛り上がる。Iさんは、Wさんに「何だ、Wさんは上手く焼けているじゃないか。おれなんて、片面が焦げ付いて真っ黒だよ」と言うと、また全体に笑いが起こった。始める前は自信がなさそうにしていたWさんも、「本当においしいね」と言い、笑顔が見られた。

④次回に向けての話し合い

学生Zより、「次回は、私たちがお邪魔させていただく最後の集まりになります。どのような活動をしてみたいか、何かリクエストはありますか」と投げかけると、Uさんが「また何か作って食べたいねぇ。今日はすっかり学生さんたちの世話になったから、今度は何か皆で学生さんに作ってあげたいなぁ」と言った。Eさんが「今度はみたらし団子はどうかねぇ」と発案、皆賛成して、次回はみたらし団子を作ることになった。Iさんが、「また、皆で協力して作ることにしよう」と言い、次回までに各自効率の良い役割分担を考えておくことになった。

(3) 第3回（8月31日）

①話し合い

学生Zが「今日はどのように作業を進めるか、話し合いましょう」と言うと、Iさんが「話し合っておいたよ。もう皆自分の役割を承知しているから、早速作りはじめようじゃないか」と言った。役割分担は、料理上手のEさんが団子の生地を、Fさんがたれを作り、片手の不自由なWさんは団子にたれをかけ、そのほかの人は団子を丸めて、串に刺すというものだった。

②みたらし団子作り
　話し合いで決定した役割分担に従って，順調に作業が進んで行った。ほとんど学生が手を出す暇もなく，予定時間より20分早く完成することができた。
③完成品を食べながら談笑
　「団子の大きさが不揃いだけど，かえってこの方がかわいらしくていいねぇ」「味はかわらないでしょ」など，完成したみたらし団子を食べながら，話がはずんだ。
④3回の活動のまとめ
　学生Zが「3回にわたって，皆さんと一緒に楽しく茶話会に参加させていただきました。今回と前回は，皆さんにお菓子を作っていただき，ご馳走になりました。私たちはとても楽しく参加させていただきましたが，皆さんはいかがでしたか。感想など，お聞かせいただければと思います」と投げかけた。以下に，参加者の発言を記す。
　　Iさん「顔を毎日合わせていても，特に親しく話をしたこともなかった人と，お近づきになれてよかったよ。若い人にも良くしてもらえて，楽しかった。」
　　Sさん「ここに来てからは自分で何かを作って食べるということはまったくなかったけど，これからはこういう機会をぜひ作っていきたいと思います。」
　　Uさん「甘いものが大好きで，娘が持ってきてくれるのをいつも食べているが，自分たちで作って，皆で食べる，これに勝るうまさはないね」
　　Wさん「手が不自由で皆さんにはご迷惑をおかけしました。でも，楽しかったです。またこのような機会には声をかけて下さい。ぜひ参加させていただきたいです。」
　　Oさん「私もご迷惑をおかけしましたが，本当に楽しかったです。この手が利かなくなったときは，もう何もできないと思ったけど，できることもあるんですね。」
　　Fさん「縁あってこの場所に暮らしているわけですので，皆さん，これを機に私と仲良くして下さいね。またおいしいものを

　　　　　　作りましょう。」
　　Eさん「学生さんは勉強がいそがしいから，夏休みが終わればあまり来られないと思うけど，ときどき私たちでこの会を開きたいと思いますので，そのときはぜひ遊びに来てくださいね。」
学生も感想を述べた。
　　学生X「皆さんのお手伝いに来たつもりですが，何もできずに，逆にご馳走になってしまって……私たちも大学の中では学ぶことができないことを体験させていただくことができました。本当にありがとうございました。」
　　学生Y「先ほどEさんが『この会をまた開く』とおっしゃっていましたが，ぜひ続けていって下さい。私たちも必ず遊びに来ます。」
　　学生Z「皆さんとお会いできて，本当に良かったです。また，私たちも今度友達を誘って来ますので，皆さんも親しい方やご家族などを誘っていただいて，交流の輪を広げていきましょう。」

(4) 終了後
　活動終了の3日後，活動中の様子をおさめた写真を模造紙に貼り，ホーム内の廊下の壁に掲示させていただいた。

5. 考察および今後の課題
(1) 職員からのヒアリング
　介入前後の入居者の変化を評価するために，2週間後に再度訪問し，担当職員から入居者の様子について話を伺った。以下にその内容を記す。
- 同様の会はその後行われていない。入居者から自発的に活動してくれることを待っていたが，来週あたり職員から働きかけることになっている。
- 活動を行う前は，食事のときだけデイルームに出てきて，終わるとすぐに居室に戻る人が多かったが，食後にゆっくりお茶を飲みなが

ら，皆で話をするようになった。
- ＥさんとＦさんは，活動後から互いの居室を行き来するようになり，料理談義に花を咲かせている。
- ＳさんはＯさんやＷさんに優しく関わるようになり，片手ではできない裁縫などをＳさんに頼むようになった。Ｓさんも快く引き受けている。
- ＩさんとＵさんは，午前中に囲碁の対戦をするようになった。
- 写真を廊下の壁に掲示してあるが，通りかかるときに皆気にしているようで，写真を見ながら「あの学生さんたちは元気かねぇ」「またみたらし団子が食べたい」などの会話が聞こえてくる。
- Ｇさん，Ｊさん，Ｋさんについては，あまり変化は見られない。

(2) 考　　察

　活動を通じて，はじめは緊張して主体的に活動できなかった参加者が，少しずつ自ら積極的に発言したり，行動を起こすようになった。また，そのなかで，片手が不自由な人を気遣うなど，他者への配慮が出てきた。3日間の活動終了後，残念ながら入居者主体で同様の会は行われていないようであるが，日常生活の中で入居者同士の交流の機会は確実に増加しているようである。以上より，今回の実践を通じて，「余暇の充実を図る」「学生と入居者，入居者同士の交流を促す」という活動目的はある程度達成できたものと思われる。

(3) 反省・感想

　第一に，私たちの実践のなかで，入居者間の交流が少しずつ深まっていくこと，入居者に他者へ配慮する言動が出てきたことを実感することができ，この仕事のやりがいを見出すことができた。私たちの介入は，授業担当の〇〇先生や職員の方のご指導を受けながらの，未熟なものだったが，参加者の表情の変化を見ていると，自分自身もうれしく感じることができた。
　第二に，活動中の参加者の言動に対して，適切に対応することができず，自分の力量不足を思い知らされた。私は今回，プログラムの進行を

担当したが，参加者の「私は手が不自由だからできない」という発言に対して，どのように応対してよいか分からなかった。その点，X君は即座に的確な助言をしてくれた。X君の対応から学ぶところが多かったと同時に，対人援助職としての自分自身の力量不足を反省した。

　第三に，活動中の発言が少なかった人に対して，援助者としての配慮が足りなかったことを痛感した。他の参加者は，活動終了後も交流が続いているようであるが，活動中に発言が少なかった3人については，あまり交流していないようである。活動中の一人ひとりの参加者の様子に気づき，輪の中に入ることができるように言葉をかけるなどの対応が必要であったと反省した。

　第四に，B町の介護職員の人手不足が深刻であることを，実状を見学させていただくことで，改めて痛感した。職員の方は大変に多忙で，立ち止まっている時間がないほど仕事に追われていた。ある職員の方から，「お年寄りが好きでこの仕事に就いたが，今は人手不足で，ゆっくり話をしたり，レクリエーション活動を一緒に楽しむ余裕がなく，そのことがとても辛い。入居者もこの状況に満足していないだろうと思うと，もっと切なくなる」という話を伺った。入居者に対する直接的な身体介護等は専門的な技術を要するので，介護職員の方にしかできないと考えられる。しかし，専門的な技術を必要としない業務の一部について，私たち大学生や地域住民等のボランティアが参加することで，職員の方の負担を軽減することができ，職員の方の余力を生むことにつながるのではないかと思った。また，職員の方の余力を生むことを通じて，入居者の方に対するレクリエーションニーズに対応することができるのではないかと感じた。

(4) 今後の課題

　第一に，活動中の参加者一人ひとりの様子を十分に把握し，言葉をかけるなどの的確な対応ができるようになることである。さまざまな援助場面を経験することで，その能力を高めていくことが今後の課題となった。

　第二に，一定期間のセッションが終わっても，参加者が主体的に活動

を継続できるような支援が必要である。その点では，3回の活動で参加者のモチベーションをそこまで高めることは困難だと考えられる。活動の目標を，主体的にグループを継続していくことに設定し，セッションの回数も増やすことが今後の課題となった。

　第三に，介護職員の負担を軽減し，余力を持って入居者に関わることができるようにすることを通じて，入居者のレクリエーションニーズの充足を図ることである。そのためには，介護職員の業務の一部を補助するボランティアが継続的に関わっていくことが必要である。私たち大学生を含めて，地域住民が介護サービスの維持・向上に積極的に参加していくためのネットワークを構築することが，今後の課題となった。

　上記を踏まえて，社会福祉学をより専門的に学習していきたい。

謝辞　一連の実践について，社会福祉の専門的な見地から，◎◎先生に熱心なご指導を賜った。現状の私たちが持ちうる知識や技術，経験だけでは，今回の実践は成り立たなかった。心より御礼申し上げたい。

　　また，お忙しいなか，私たちの活動を受け入れていただいたN特別養護老人ホームの〇〇施設長をはじめ，職員の皆様に感謝申し上げたい。そして，私たちの未熟な実践を受け入れて下さった入居者の皆様にも感謝申し上げたい。

　　ご協力いただいた皆様のご厚情に対して，私自身が立派な社会福祉援助者に成長していくことをもって応えていきたいと考えている。

引用・参考文献
(1) 小笠原祐次編『老人福祉論』(新・セミナー介護福祉2) ミネルヴァ書房，2005年。

3 調査・実践のために必要となる公文書

　調査や実践のために、次のような公文書を相手方から求められる場合があります。その際は、指導教官に速やかに相談して下さい。

1 調査についての依頼状

平成○年○月○日

××××　様

　　　　　　　　　　　　　　　　○○福祉大学社会福祉学部
　　　　　　　　　　　　　　　　　学部長　　▽▽▽▽

　　　　　　　　面接調査について（依頼）

　時下ますますご清祥のこととお慶び申し上げます。
　平素より本学の教育・研究に多大なるご高配を賜り、深謝申し上げます。
　さて、本学では1年次の社会福祉導入教育として、「社会福祉演習」の授業が必修科目として行われております。ここでは、将来、社会福祉援助者として地域で活動するための知識や方法を身に付けさせることを目的として、その学習の基礎となる地域社会の福祉ニーズをとらえ、ニーズに沿った援助計画を立て、それを実践するという一連の過程を学んでおります。
　つきましては、この授業の一環として行います本学の学生による貴機関の職員の方へのインタビューにご協力を賜りたく、お願い申し上げます。インタビューの内容については別紙を同封いたしました。所要時間は概ね○○分程度でございます。日時については、後日学生より電話にてご都合を伺わせていただきます。
　1年生ゆえ不慣れな点や失礼など多いかと存じますが、その際は学生に直接ご指導やご助言をいただけましたら幸いです。また、お気づきのことなどございましたら、担当教員までご連絡下さい。

　　　　　　　お問い合わせ先　○○福祉大学（担当教員：◎◎◎◎）
　　　　　　　　TEL/FAX　　＊＊＊＊＊＊＊＊＊＊＊＊＊＊＊＊＊＊
　　　　　　　　E-mail　　　＊＊＊＊＊＊＊＊＊＊＊＊＊＊＊＊＊＊

2 ボランティア活動についての依頼状

　　　　　　　　　　　　　　　　　　　　　　　平成○年○月○日

××××　様

　　　　　　　　　　　　　　　　　　○○福祉大学社会福祉学部
　　　　　　　　　　　　　　　　　　　学部長　　　▽▽▽▽

　　　　　　　学生によるボランティア活動について（依頼）

　時下ますますご清祥のこととお慶び申し上げます。
　平素より本学の教育・研究に多大なるご高配を賜り、深謝申し上げます。
　さて、本学では1年次の社会福祉導入教育として、「社会福祉演習」の授業が必修科目として行われております。ここでは、将来、社会福祉援助者として地域で活動するための知識や方法を身に付けさせることを目的として、その学習の基礎となる地域社会の福祉ニーズをとらえ、ニーズに沿った援助計画を立て、それを実践するという一連の過程を学んでおります。
　つきましては、この授業の一環として行います本学の学生による貴機関におけるボランティア活動にご協力を賜りたく、お願い申し上げます。活動日時、内容等については、後日学生より電話にてご相談させていただきます。なお、お伺いする学生は、全員ボランティア保険に加入しております。
　1年生ゆえ不慣れな点や失礼など多いかと存じますが、その際は学生に直接ご指導やご助言をいただけましたら幸いです。また、お気づきのことなどございましたら、担当教員までご連絡下さい。

　　　　　　　　　お問い合わせ先　○○福祉大学（担当教員：◎◎◎◎）
　　　　　　　　　TEL/FAX　　＊＊＊＊＊＊＊＊＊＊＊＊＊＊＊＊＊＊
　　　　　　　　　E-mail　　　＊＊＊＊＊＊＊＊＊＊＊＊＊＊＊＊＊＊

さくいん

あ
アセスメント（Assessment，事前評価）　17，19，23
熱い胸（Warm Heart）　12
アドボカシー（権利擁護）　21
アルダーファー，P　38
安全のニーズ（safety needs）　34
1次的ニーズ　22
5つのWと1つのH　116
インタビュー調査　134
インテーク　17，18
ウィレンスキー，H　3
運営主体　6
援助過程　111
エンパワーメント（パワーづけ，権限付与）　21
エンパワーメント・アプローチ　70
応益負担　73
岡村重夫　41，46

か
介入（Intervention）　21，98，99
学習支援　107
学童保育　108
家庭的安定ニーズ　46
過程評価（モニタリング）　111
貨幣的ニーズ（基礎的ニーズ）　48，49，50，89
関係のニーズ　39
観察型測定法　112
感じているニーズ（felt needs）　43
間接援助活動　15
間接援助技術　10
関連援助技術　10
キー・インフォーマンツ（Key Informants）　95
キー・インフォーマント　82
　　——・アプローチ　78
規範的ニーズ（normative needs）　43，48

基本的人間のニーズ "basic human needs"　31
教育の機会のニーズ　47
狭義のニーズ（要援護性）　30
共同体　54，55，61，62
近隣社会（neighborhood，ネイバーフッド）　54
計画　23
　　——の実践（Intervention）　98
　　——のモニタリング（Monitoring，経過監視）　24
経済的安定ニーズ　46
結果評価（エバリュエーション）　111
顕在的ニーズ　47，89
現場実習　129
効果（impact, effectiveness）　24
広義のニーズ（依存的状態）　30
合計特殊出生率　88
考察　149，157，158
厚生労働白書　75
公的主体　5
効用（utility）　24
効率（efficincy）　24
国際ソーシャルワーカー連盟（IFSW）　5，6
個人情報の保護に関する法律　123
個人的で主観的なコミュニティ　56
個人ニーズ　40
個別援助活動　15
コミュニケーション　106，107
コミュニティ（community）　54
コミュニティ診断　57

さ
サービスを受けている人口（Population served）　73
サービスを潜在的に必要とする人口（population at-risk）　74

サービスを必要とする人口（Population in need）　72
挫折・退行アプローチ　40
3次的ニーズ　22
ジェネラリスト（総合的）・アプローチ　70
自己実現のニーズ（self-actualization needs）　36
自己像（Identity，アイデンティティ）　35，56
自己評価（援助者自身による評価）　122，127
慈善事業　4
事前評価　17
実証的研究　130
実践（Practice）　24
実践計画　126
実践主体　6
児童虐待防止法　75
児童養護施設　106
社会事業（Social Work）　4
社会生活の基本的ニーズ　41，42
社会調査　77
社会的協同のニーズ　47
社会的諸サービス（Social Service）　3
社会的ニーズ（belonging needs）　7，34，42，49，89
社会福祉（Social Welfare）　2
社会福祉援助活動　8，9，128
社会福祉事業　4
社会福祉分野におけるニーズ（必要）　88
社会問題　41
集団比較実験計画法　113，114
熟練した手と足（Skillful Hand & Foot）　12
守秘義務　123

障害者のニーズ 91
小集団援助活動 15
職業的安定ニーズ 46
食事介助 105
事例調査 77
シングル・システム・デザイン 113, 114
政策主体 6
成長のニーズ 39
生理的ニーズ（physiological needs） 33
潜在的ニーズ 47, 89
全体人口（Total Population） 72, 74
専門的ニーズ 48
副田あけみ 69
ソーシャルワーカー 10, 12, 14, 68, 71
ソーシャルワーカー倫理綱領 13
ソーシャルワーク 4, 15
存在のニーズ 39
尊重のニーズ（isteem needs） 35

た
第1のレベル 22
第3のレベル 22
代替的ニーズ 48
第2のレベル 22
短期目標 20
地域援助活動（コミュニティワーク） 22
長期目標 20
長所（ストレングス） 70
直接援助技術 10
冷たい頭（Cool Head） 12
ディマンド（demand） 30
統計調査 77
当事者評価（クライエントからの評価） 122
特定のサービスを潜在的に必要とする人口（population at-risk；危険度のある人口） 72

な
ニーズ（needs） 28, 29
ニーズ段階論 36
ニーズ探索 68, 144
2次的ニーズ 22
人間共通のニーズ 32
人間の基本的なニーズ 41

は
比較的ニーズ（comparative needs） 43
比較ニーズ 48
非貨幣的ニーズ（社会的ニーズ） 48, 50, 89
非言語的メッセージ 104
評価（Evaluation） 21, 24, 109
表明されたニーズ（expressed needs） 43
フィードバック 122, 127
フォーカス・グループ・アプローチ 82
複合型地域 58
福祉（Welfare） 2
福祉サービス 72
福祉ニーズ 29, 40, 45, 50
福祉六法 7
普遍的人間のニーズ "universal human needs" 31
プライバシー 123
プライバシー保護 126, 127
プランニング（Planning, 計画） 20
プリ・テスト 118
ブレッドショー, J 43
文化・娯楽の機会ニーズ 47
文献研究 130
ベッドタウン 58
保育所 107
報告型測定法 112
保健・医療の保障ニーズ 47
ポスト・テスト 118
ボランティア 129

ま
マズロー, A 32
満足・進行アプローチ 40
三浦文夫 40, 45, 49
満たされていないニーズ 90, 95
満たされているニーズ 89
民間営利主体 5
民間非営利主体 5
民生委員 71
メイヤー, C 8
面接 18, 78
面接調査 95, 145, 148

や・ら
優性の原理 32
ライオンズクラブ 61, 78
ラポール（Rapport） 80, 103
リッチモンド, M 8, 9
利用者 17
ルボー, C 3
レクリエーション 106, 108
老人福祉法 45
ロータリークラブ 61, 78
ロス, M 69

欧文
closed question 81
ERG理論 38
Looking glass self 35
open question 81

「はじめての社会福祉」編集委員会委員一覧 (所属，分担。執筆順)

洪　金子(ほん　くむじゃ)（元・東京福祉大学教授：第1章）

　日本女子大学大学院博士課程修了。社会福祉学博士。臨床社会福祉士。家族心理士。韓国鮮文大学教授などを経て，元・東京福祉大学教授。専門は，臨床社会福祉，家族福祉。

尹　文九(ゆん　むんぐ)（東京福祉大学教授：第2章）

　筑波大学大学院社会科学研究科博士課程後期修了。法学博士。韓国明知大学講師などを経て，現在，東京福祉大学教授。専門は，高齢者福祉，社会福祉行財論。

関口　惠美(せきぐち　えみ)（東京福祉大学非常勤講師：第3章）

　筑波大学大学院教育研究科修士課程修了。修士（リハビリテーション）。新潟家庭裁判所家庭裁判所調査官，国立コロニーのぞみの園ソーシャルワーカー，調査課長などを経て，東京福祉大学教授。現在，東京福祉大学非常勤講師。専門は，臨床社会福祉，障害者福祉。

金　貞任(きむ　じょんにむ)（東京福祉大学教授：第4章）

　お茶の水女子大学大学院人間文化研究科博士課程修了。学術博士。お茶の水女子大学客員研究員，東京都老人総合研究所・長寿科学リサーチ・レジデントなどを経て，現在，東京福祉大学教授。専門は，高齢者福祉，家族社会学。

上田　征三(うえだ　ゆくみ)（東京未来大学教授：第5章1節）

　筑波大学大学院教育研究科修士課程修了。教育学修士。社会福祉士。東京コロニートーコロ青葉ワークセンター主任ケースワーカー，福山平成大学助教授，東京未来大学准教授などを経て，現在，東京未来大学教授。専門は，障害児教育，障害者福祉。

船津　敦子(ふなつ　あつこ)（前東京福祉大学講師：第5章2節）

　日本社会事業大学社会福祉学部卒業。社会福祉士。保育士。群馬県甘楽福祉事務所長，群馬県女性政策室長，群馬県社会福祉士会会長，東京福祉大学講師などを歴任。専門は，社会福祉，児童福祉。

北爪　克洋(きたづめ　かつひろ)（東京福祉大学准教授：第5章3節1～2）

　東北福祉大学大学院社会福祉学研究科修士課程修了。社会福祉学修士。社会福祉士。精神保健福祉士。東京福祉大学助手，東京成徳大学助教を経て，現在，東京福祉大学准教授。専門は社会福祉，児童福祉。

畠中　耕(はたけなか　こう)（神戸医療福祉大学准教授：第5章3節3）

　立正大学大学院社会福祉学研究科修士課程修了。社会福祉学修士。社会福祉士。児童養護施設，知的障害者更生施設職員などを経て，現在，神戸医療福祉大学准教授。専門は，社会福祉史，公的扶助論。

柳澤　利之(やなぎさわ　としゆき)（新潟青陵大学短期大学部准教授：第6章，巻末資料）

　東京福祉大学大学院社会福祉学研究科博士課程前期修了。社会福祉学修士。介護福祉士。福祉レクリエーション・ワーカー。特別養護老人ホーム介護福祉士，東京福祉大学講師などを経て，現在，新潟青陵大学短期大学部准教授。専門は介護福祉。

はじめての社会福祉
──実践から学ぶ社会福祉──

2007年11月20日	初版第1刷発行	〈検印省略〉
2019年9月30日	初版第8刷発行	

定価はカバーに
表示しています

編　者		「はじめての社会福祉」編集委員会
発行者		杉　田　啓　三
印刷者		坂　本　喜　杏

発行所　株式会社　ミネルヴァ書房
607-8494　京都市山科区日ノ岡堤谷町1
電話代表　(075)581-5191
振替口座　01020-0-8076

©「はじめての社会福祉」編集委員会, 2007　冨山房インターナショナル・清水製本
ISBN 978-4-623-04856-4
Printed in Japan

社会福祉小六法
[各年版]

ミネルヴァ書房編集部編

四六判／1344頁／本体 1600円

ミネルヴァ社会福祉六法
[各年版]

野﨑和義監修　ミネルヴァ書房編集部編

四六判／1480頁／本体 2500円

ワイド版　社会福祉小六法 資料付
[各年版]

山縣文治・福田公教・石田慎二監修
ミネルヴァ書房編集部編

A5判／1528頁／本体 2000円

社会福祉用語辞典
[第9版]

山縣文治・柏女霊峰編集委員代表

四六判／424頁／本体 2200円

― ミネルヴァ書房 ―
https://www.minervashobo.co.jp/